L'HUMANISME AVANT TOUT

Édition : JDH Éditions

77600 Bussy-Saint-Georges. France
Imprimé par BoD – Books on Demand, Norderstedt, Allemagne

Illustration couverture : Yoann Laurent-Rouault
Réalisation graphique couverture : Cynthia Skorupa

ISBN : 978-2-38127-165-1
Dépôt légal : juin 2021

Badis Diab

L'humanisme avant tout

JDH Éditions
Drôles de pages

« *Ce que nous faisons pour nous-même disparaît avec nous. Ce que nous faisons pour les autres et le monde est immortel et demeure.* »

Albert Paine

« *Alors, aussi longtemps que nous n'aurons pas appris à partager et rendre justice aux populations qui souffrent de la misère dans une grande partie du monde, notre propre liberté ne sera qu'un leurre, une diversion vers ce qu'il y a de plus cruel en cette vie : le nombrilisme.* »

Badis Diab

MOHAMED LE PALESTINIEN, À L'OUVERTURE D'ESPRIT

La voix clinquante du grand Malcolm X raisonnait en ce sens : « J'ai toujours gardé un esprit ouvert, ce qui est nécessaire à une flexibilité qui va de pair avec toute quête intelligente de la vérité. »

Ainsi, je vais aller droit au but : je prends la plume pour convertir, initier toutes les âmes qui se sont perdues dans les profondeurs de la surconsommation, à ceux qui se sont noyés dans les périples interminables qu'offre le chemin du libéralisme économique, et à tous ceux pour qui l'humanisme n'est qu'un concept intellectuel vague et farfelu, c'est bien à eux principalement à qui ces lignes sont dédiées et à qui je souhaite m'adresser.

Il va sans dire que je ne suis supérieur à aucun des êtres humains qui peuplent notre planète, ni meilleur ni plus intelligent, ni par la foi ni par la morale, et de ma vie, je ne pense pas avoir été plus sage ou plus proche de Dieu que qui que ce soit.

Toutefois, ce que je sais inéluctablement, c'est que cet engagement humanitaire dans lequel je me suis lancé il y a de cela plusieurs années m'a permis de rencontrer des peuples de tous horizons et aux multiples spécificités, et à travers cela, j'ai découvert que les noirs et les blancs, tout comme les chrétiens, les juifs et les musulmans, font indéniablement tous partie de la même famille, celle de l'universelle.

Cette intime conviction, je ne l'ai pas eue à travers des études sociologiques, historiques ou géopolitiques, elle n'est pas née de la fusion d'un crayon et d'un bout de papier, car, en effet, il m'a fallu aller à la rencontre de ce monde pour comprendre réellement ce que représente l'humanisme dans sa forme la plus authentique, de par l'échange de sourires et d'interminables discussions avec des femmes et des hommes de la Terre entière ; j'ai dès lors plongé dans une émotion sans fin où je me suis appris à aimer la vie, à la chérir et à la conquérir, et c'est ainsi que je compris définitivement que j'étais vivant.

Durant tout mon parcours d'activiste humanitaire, au-delà même d'aides spécifiques apportées aux populations socialement précarisées à travers le monde, j'ai continuellement cherché à m'approcher au plus près de la vérité, parce que j'étais né entre deux cultures et deux histoires, entres deux opposés et deux philosophies de vie bien distinctes, et au fin fond de cette crise identitaire que je vivais depuis ma plus tendre enfance, je me savais vulnérable à la réflexion sur le sujet ; pourtant, je n'avais pas d'autre choix que d'aller à la rencontre du monde, quitte à heurter mes préjugés psychiques et mes repères identitaires, parce qu'il était question ici de sauver mon âme.

En ce sens, il m'a paru nécessaire de m'ouvrir au monde et de ne plus m'enfermer dans une quelconque réflexion dogmatique qui aurait compressé mon esprit et mon horizon, et par la même occasion, redéfinir mes aprioris sur tout ce qui m'avait semblé à la fois clair et définitif par le passé.

Par conséquent, si je suis certain qu'une histoire a toujours deux versions, alors il me paraît naturel de me mettre à la place de chaque camp afin de découvrir leur part de vérité.

Ainsi, je me suis intéressé à l'humain, à ses amours, ses douleurs et ses aspirations, j'ai ainsi mis de côté le prisme de la religion, de la politique ou de l'économie, en balayant de ce fait tout ce qui me semblait superficiel afin de comprendre la profondeur d'un être humain.

Au fil du temps, je suis allé à la rencontre des Ougandais, des Birmans, des Maliens, des Boliviens, des Pakistanais, des Bosniaques, des Albanais, des Syriens, des Rwandais, des Congolais, des Nigérians, des Centrafricains ou des Antillais, et de tous ceux pour qui venir au monde ne fut pas une bénédiction.

Durant plusieurs années, mes activités humanitaires m'ont permis d'atteindre des régions du monde, ainsi que des peuplades que je ne connaissais pas, qu'il s'agisse des communautés musulmanes Rohingya de Birmanie ou des Juifs Lemba au Zimbabwe, passant par la difficile région du Sindh au Pakistan et la misère du district de Sironko, en Ouganda.

Discussion après discussion, fou rire après fou rire, j'ai appris à aimer tous ces gens quelles que soient leur identité, leurs différences et la nature de leur hostilité les uns vis-à-vis des autres, en évitant continuellement de prendre parti dans leurs conflits ; c'est donc ainsi qu'à l'âge de 25 ans, seulement, je décidai avec une grande détermination de métamorphoser totalement ma grille de lecture et, par conséquent, le cours de ma vie.

En réalité, je ne me suis pas engagé dans l'action sociale pour me racheter une bonne conduite ou pour me rapprocher de Dieu, il n'a jamais été question ici d'un simple calcul d'intérêt, car si j'avais pris la route qui mène au partage des richesses, et ce pour le reste de mon existence, c'était parce que j'avais décidé de relever le défi de la solidarité, et au-delà de cela, le défi de l'humanisme.

Je suis né algérien, de père et de mère, de grands-pères et de grands-mères, et ainsi de suite. J'ai grandi avec les douleurs insupportables de la guerre d'Algérie et des crimes de la puissance occupante, bercé par les sacrifices que furent ceux d'Ali La Pointe, de Hassiba Bent Bouali, de Zohra Drif et de Djamila Bouhired, je les aime comme s'ils étaient mon père et ma mère, je comprenais leurs aspirations et leur indéfectible combat pour leur droit à la vie et à l'égalité, leur lutte à mort.

Par ailleurs, ce sont ces mêmes héros de mon histoire qui ont construit les profondeurs de mon identité et qui m'ont permis par la suite de lutter avec ferveur contre les injustices contemporaines que furent les inégalités sociales, et ce par tous les moyens nécessaires.

Et puis, avec du recul, de l'analyse et une certaine expérience de la vie, j'ai évidemment conscience que la guerre d'Algérie n'est plus, que nous sommes au 21e siècle et que le passé doit pouvoir reposer en paix, qu'il puisse naturellement être enseigné comme il se doit, mais sans pour autant oublier que le présent prime sur le reste ; en effet, il est évident que notre guerre actuelle n'est plus celle des armes et de la violence, elle n'est ni celle du drapeau ni celle de la vengeance, et dorénavant, je veux être un pacifique convaincu, comme le furent Stéphane Hessel et Henri Grouès, parce que je ne connais ni le sang ni la haine et que je me bats pour une tout autre cause, celle de l'amour avec un grand « A », car mes ancêtres se sont battus pour m'offrir le choix de rêver et de vivre en paix auprès de mes contemporains.

Les guerres et les conflits ne m'intéressent plus aujourd'hui, prendre parti entre untel ou untel m'est désormais indifférent, car il est évident qu'une autre guerre suivra la précédente et que ce cycle interminable de conflits sera le destin imposé à l'humanité, et ce pour des raisons éternellement commerciales.

Dès lors, j'estime que la vie est bien trop courte pour s'engager dans de mauvais combats et perdre un temps précieux pour des luttes inutiles. Quant à moi, mes priorités ont désormais changé et ma vie entière fut rénovée, en quelque sorte ; de ce fait, j'ai choisi de faire de ma lutte pour l'humanisme, le partage des richesses et de la solidarité mon chemin de bataille et mon ultime raison d'exister.

Dans cette lutte de partage et de compassion, j'ai transporté nombre de femmes et d'hommes à travers le monde, m'offrant ainsi une nouvelle famille composée de toutes origines et de toutes religions, des individus issus du nord comme du sud de la planète, quelles que soient la couleur de leur peau ou leur spécificité linguistique, ou même leur nationalité ou leur position politique, cette différence m'a paru au contraire être du pain bénit pour s'affirmer et nous rendre indéfiniment plus fort que nous ne l'avons jamais été.

Cette lutte, c'est évidemment celle des braves gens, des riches et des pauvres, des pieux et des infidèles, des intelligents et des égarés, des forts et des faibles, car tous autant que nous sommes, et ce à travers l'action humanitaire directe, nous avons entrepris ensemble un engagement sans limites de temps et d'espace, porté par une ambition exceptionnelle, et à notre échelle, nous avons contribué indéniablement à un monde plus juste et plus équitable.

En seulement quelques années, mes activités humanitaires se sont déployées de façon stable dans plus de 71 pays à travers le monde, sur chaque continent et les régions touchées par l'extrême pauvreté.

Je me suis engagé pour rendre meilleure la vie des enfants, des femmes isolées, des illettrés, des personnes en situation de handicap et des personnes âgées, mais aussi au service d'espaces agricoles détruits par l'homme et sa soif de consommer, sans oublier la défense et le confort des animaux, dont la dignité et l'intégrité sont en danger perpétuel.

En multipliant des stratégies d'actions, mes équipes et moimême avons entrepris des activités sociales quotidiennement durant toute l'année, faisant ainsi émerger des sourires et des larmes de bonheur, de la joie et de la reconnaissance de la part de milliers de femmes et d'hommes dans chaque coin du monde.

Par ailleurs, il est important de rappeler que je n'ai pas souhaité utiliser mon smartphone pour me rebeller contre l'injustice humaine, étant naturellement étranger à toute forme de révolution superficielle, car mes ancêtres m'ont appris qu'en Algérie, à une certaine époque, les luttes se faisaient réellement et concrètement, par l'effort et la persévérance sur le terrain de l'action ; ainsi, je ne veux pas que mon héritage ne soit uniquement qu'un ensemble de mots superposés les uns sur les autres, mais bel et bien un engagement véritable, celui d'une vie tout entière, l'engagement d'une lutte réelle, palpable et universelle, c'est cela que je veux transmettre.

Comme indiqué en ouverture de cet ouvrage, je souhaite initier à l'engagement social et humanitaire, convertir les âmes perdues pour le vivre-ensemble et démontrer de façon claire et explicite qu'il n'existe rien de plus pur et de plus exaltant en ce monde que de tendre la main à son prochain.

Dans un précédent livre, j'avais utilisé des citations de personnalités qui ont inspiré ma vie afin de conclure chacun de mes chapitres ; désormais, il ne s'agit plus de personnages célèbres, mais de faire la lumière sur des femmes et des hommes inconnus de tous, et qui pourtant sont tout aussi grands et généreux, et vers qui mon cœur s'est tourné pour trouver l'inspiration d'écrire ce nouvel ouvrage.

Et ce premier chapitre, plongé dans l'ouverture et l'universel, me fait naturellement penser à Mohamed, un étudiant palestinien de 22 ans vivant à Khan Yunès, en plein cœur de la bande de Gaza, fier et fort, ouvert sur le monde, brillant et aimant, né dans la misère la plus absolue, au milieu du plus grand ghetto du monde, n'ayant aucune rancœur contre la puissance occupante, ne connaissant ni la haine ni la violence, baignant entre l'amour de ses parents et celui de sa jeune épouse, Romaissa.

Sous les bombes et les massacres de l'occupation, il est resté fidèle à ses principes, évitant de glisser dans une forme de colère irréversible, il a préféré consacrer l'intégralité de son temps à aider les plus démunis de Gaza, qu'ils soient chrétiens ou musulmans, athées ou agnostiques, dans un esprit de partage et de communion autour d'une même identité, celle de l'humanité.

Cela fait plusieurs années désormais qu'il distribue des fruits et des légumes, mais aussi des repas chauds et des couvertures en période d'hiver aux familles les plus en difficulté, et ce sans jamais s'arrêter.

Mohamed est l'un des nombreux êtres qui m'ont inspiré, je l'aime en humanité comme il n'est pas permis, parce qu'il m'a montré mieux que quiconque ce que signifie l'ouverture d'esprit.

IBRAHIM L'OUGANDAIS, AU PRISME DE LA CONSCIENCE

La fine plume de Blaise Pascal a écrit :
« La conscience est un livre qui doit être consulté sans arrêt. »

Il est évident qu'il n'y a qu'un pas qui distance les ténèbres de la lumière, et en ce sens, j'ai la conviction qu'il n'y a qu'une marche qui sépare la paresse de l'engagement humanitaire.

Il va sans dire que nous vivons une époque profondément troublée par le manque d'humanité, à travers la puissance du néolibéralisme qui continue sans cesse de gangrener les âmes humaines, de corrompre par l'argent et le pouvoir, par la propriété et la course aux richesses, et parce que nous vivons les plus profondes inégalités que notre humanité ait connues, il me paraît impératif d'affirmer haut et fort que la survie même de la civilisation humaine sera issue d'une véritable prise de conscience en faveur des nécessiteux, à travers un engagement total :
Compassionnel, solidaire, social et humanitaire.

Le temps des guerres ne nous appartient plus et le maquis n'est certainement pas notre destinée ; pourtant, si nos mains nous semblent propres en apparence, elles sont sales en profondeur, parce que nous avons tous une part de responsabilité dans les inégalités de plus en plus grandissantes à travers la planète, de par notre manque d'humanité et de redistribution des richesses envers les plus pauvres, et s'il est évident que nous ne sommes pas la cause principale de la déstabilisation de cet équilibre social, notre passivité devant le malheur des autres nous rend complices de ces dérives. Par conséquent, il est certain que nous sommes tous des coupables à part entière.

L'admettre ne fait pas de nous des faibles ou bien des criminels, bien au contraire, cela nous permet de devenir pleinement des êtres de conscience et d'humanité, nous permettant ainsi de replacer au centre de l'échiquier la plus prépondérante des priorités, à savoir la condition sociale et humanitaire d'une grande partie de notre civilisation, en déplaçant de fait notre regard sur la famine en Afrique de l'Ouest et les maladies qui submergent une grande partie de l'Afrique subsaharienne, et en comprenant enfin que la misère sévit en Amérique du Sud et que la condition des femmes dans une grande partie de l'Asie est devenue critique.

L'extrême pauvreté frappe le monde comme jamais ce ne fut le cas auparavant ; néanmoins, il n'y a ici aucune volonté de faire culpabiliser qui que ce soit, mais seulement d'utiliser toute mon expérience de l'engagement humanitaire et mon analyse sur le sujet afin de définir un premier diagnostic, même si celui-ci s'avère inquiétant sur le sort de notre destin commun, et parce que notre regard ne peut plus désormais être détourné de la réalité du monde.

Je crois en la force de l'éducation, du dialogue et de la compréhension mutuelle, et je sais que ce n'est pas à travers quelques lignes que je saurai faire basculer des femmes et des hommes dans un engagement social et humanitaire constant, parce qu'il est évident que chacun de nous vit son propre lot de difficultés, d'incapacités parfois à se retrousser les manches pour aider, et parce que notre société contemporaine nous a avant tout appris à faire preuve d'individualisme, alors je sais qu'à notre plus grand malheur, nous sommes prédisposés à défendre nos propres intérêts sans nous soucier de la souffrance des autres.

Toutefois, mon éternel optimisme me pousse à croire à un réveil des consciences collectives, j'ai foi en notre humanité, parce qu'à travers les voyages, les rencontres et les projets humanitaires sur le terrain, je n'ai cessé de voir du bon dans tout cela.

Bercé par un enseignement soufi qui m'a accompagné durant une grande partie de mon existence, je ne peux m'empêcher de placer l'amour au centre des relations humaines ; il ne s'agit pas ici de faire preuve d'une quelconque forme d'irrationalité, bien au contraire, face à la situation critique que subit quotidiennement le monde pauvre, j'estime et j'affirme que l'amour est la seule voie qui s'offre à nous aujourd'hui.

Si le fait d'agir pour le bien commun est la finalité, il est important de rappeler qu'une véritable prise de conscience est absolument nécessaire en amont, j'estime ainsi qu'il est vital d'éclaircir le chemin de la cohésion sociale devant tant d'obscurité qui s'annonce à l'horizon, à l'image de cet éveil intérieur que j'ai vécu personnellement et qui m'a propulsé dans une dynamique de partage inédite.

Cette sensation inexplicable que les mots ne suffisent à décrire, en se réveillant un beau matin avec une envie débordante de bousculer un quotidien monotone et de métamorphoser la face du monde, de tendre la main à nos enfants, quelles que soient leur couleur de peau, leur origine ou leur confession religieuse, et, de plus, avec une volonté de s'engager de façon définitive sur le terrain de l'action humanitaire dans le but de réduire les inégalités sociales.

Bien évidemment, il faudra une prise de conscience, individuelle tout d'abord, puis collective ensuite, afin d'ouvrir les yeux sur la misère et se révolter contre ses conséquences, je ne fais évidemment pas référence aux révoltes de comptoirs ou des slogans sans intérêt qui inondent les réseaux sociaux, j'évoque plutôt un engagement réel envers une solidarité concrète, à travers le partage des richesses et l'engagement social et humanitaire de terrain.

L'enfant pauvre d'Ouagadougou ou de Lomé n'a certainement pas besoin d'une révolte numérique et de son univers virtuel pour sortir de son extrême précarité, et pour son bien-être et sa survie, il ne désire qu'une aide et une empathie, nous voir et nous entendre, sentir notre présence à travers une compassion et un soutien concret, parce que l'être humain a besoin de l'être humain, tout simplement.

Alors, j'estime, de fait, qu'il est temps que notre jeunesse change le monde de façon inéluctable, car ma raison me force à croire que cette guerre contemporaine contre la fracture sociale est certainement le plus grand défi de notre époque.

Si mon engagement humanitaire fut avant tout la volonté d'apporter mon aide au plus grand nombre de personnes nécessiteuses à travers le globe, il fut aussi la volonté profonde de changer les mentalités et de faire passer des messages d'optimisme afin d'impacter le plus de consciences possible, alors je sais avec certitude que nombre de femmes et d'hommes dans le monde se sont engagés à leur tour après avoir suivi mes activités de terrain, parce que mon travail de rassemblement, de cohésion et de réconciliation ont marqué les esprits de milliers d'individus, que ce soit en France ou à travers le reste de l'Occident, au Canada, en Grande-Bretagne, aux États-Unis, en Suède ou en Allemagne.

En effet, des personnes de toutes origines et de toutes confessions ont pris le pas et m'ont témoigné leur amour et leur volonté d'apporter leur propre pierre à l'édifice, il s'en est donc suivi de multiples projets par la suite, je les ai vus construire des puits en Afrique, distribuer des médicaments et des denrées alimentaires en Amérique du Sud et développer des projets agricoles extraordinaires en Asie et au Proche-Orient, toujours avec passion et régularité.

Je ne peux dès lors que ressentir une profonde gratitude à leurs égards, pour leur engagement et pour avoir changé le monde, à leur échelle.

L'examen de conscience qui fut le leur, je l'ai également vécu, cette sensation si particulière que cela procure dans les profondeurs d'un être humain, comme se noyer dans un océan mêlant amour et compassion, justice et détermination, avec l'impression de n'être plus différent par la religion ou l'origine ethnique, mais seulement des êtres humains au service d'êtres humains, issus de la même famille et de la même communauté de destin, parce que sœurs et frères en humanité.

En ce sens, nous luttons ensemble main dans la main pour combattre l'injustice des hommes, Juifs et musulmans s'assoient désormais à la même table et partagent le même repas, et les noirs et les blancs s'enlacent et s'offrent des sourires d'une beauté exceptionnelle, l'humanité prend alors forme sous son plus bel aspect, la haine n'est plus et les guerres ont disparu, et face à cet imaginaire si éclatant de beauté, nous comprenons que seul un véritable examen de conscience peut nous permettre d'atteindre cet état de légèreté et d'authenticité où tout devient plus sain et plus pur pour nos âmes respectives.

Je n'ai jamais été un adepte de la poésie ou de l'impact des mots sur le psychisme des hommes, mais pour avoir un véritable effet sur le terrain et changer le monde véritablement, les mots me paraissent indispensables pour faire passer un message et éveiller les esprits, car il n'y a réellement qu'un pas entre la passivité et l'engagement humanitaire, et cette fameuse étape, je souhaite permettre au plus grand nombre de personnes de la franchir.

L'examen de conscience, c'est lorsque tous nos sens sont en éveil, au moment où nous nous posons les questions les plus importantes de notre existence :

Qui sommes-nous ?

Qu'avons-nous apporté au monde ?

Quel sera notre héritage ?

Nos enfants se souviendront-ils de nous comme faisant partie de ceux qui ont œuvré pour le bien commun ?

Tout cela me rappelle ma rencontre avec Ibrahim, ce jeune Ougandais de 31 ans meurtri par la mort subite de ses parents, seul à devoir aider ses petits frères en bas âge, parfois tenté de basculer dans les profondeurs du désespoir, et qui malgré tout s'est relevé, a pris conscience que la vie continuait et qu'il était temps de mener de grands projets pour l'humanité.

Ibrahim, si beau et si optimiste qu'il est, s'est levé un beau matin pour transformer le monde, il entama des missions de distribution de repas pour les enfants du district de Sironko à la frontière kenyane, puis enchaîna par la suite de multiples opérations d'aide aux populations des différents villages de la région.

Ainsi, son engagement humanitaire ne s'est jamais interrompu.

Quelques années ont passé, et Ibrahim est de ceux qui m'ont poussé à m'engager dans l'action humanitaire, il est un mentor, un modèle, je l'aime pour ce qu'il a procuré en moi, parce qu'il fut le premier des êtres humains à me faire comprendre l'absolue nécessité de la prise de conscience à destination des plus démunis.

SABRINA LA MAROCAINE, ENIVRÉE D'AMOUR

L'éternel Martin Luther King a dit :

« La haine trouble la vie ; l'amour la rend harmonieuse. La haine obscurcit la vie ; l'amour la rend lumineuse. »

Pour qu'une voiture puisse fonctionner, il va de soi que son moteur doit être performant, sans quoi le véhicule se fatigue de plus en plus et ses fonctions se détériorent avant qu'il ne soit bientôt plus possible de rouler.

Il en va de même en ce qui concerne l'engagement humanitaire ; à l'image d'un véhicule, il possède également son propre épicentre qui détermine le reste, et ce point névralgique, fragile, mais essentiel, c'est l'amour.

Nous sommes les enfants d'une société essoufflée, élevés au lait du capitalisme financier et de la course interminable aux richesses, et de notre apprentissage de la vie, nous n'avons retenu que la seule volonté d'accumuler des biens et des propriétés, comme seuls gages de réussite.

Je ne compte plus les innombrables fois où j'ai vu des femmes et des hommes prendre pour modèles les riches et les puissants ; comme aveuglée par l'argent et le pouvoir, une grande partie de notre humanité a perdu pied avec l'essence même de l'existence humaine, avec ce qu'il y a de plus profond et véridique en cette vie, à savoir l'amour et ses profondeurs.

La plus grande partie de ma vie, et ce avant même d'entamer mon examen de conscience, je fis l'erreur de prendre mes distances avec toute sensation d'amour, à la fois de cette terre et de ses habitants, je me souviens d'avoir gâché d'innombrables journées de ma petite existence à courir derrière des biens matériels et des richesses superficielles, égaré dans un système de gouvernance qui n'a fait de moi qu'un simple sujet à la consommation, à me réveiller chaque matin pour payer un loyer et dépenser inutilement mon salaire, et cela au milieu de toutes ces populations occidentales soumises au dictat, j'étais profondément aliéné, enchaîné avec des chaînes solides qui m'ont dépouillé de ma qualité d'être de conscience et de ma spécificité d'être humain.

Je le regrette tant aujourd'hui, mais je ne peux revenir en arrière et rattraper tout ce temps perdu à jamais, alors, il m'appartient désormais de réparer les pots cassés et servir le monde, d'aimer et de chérir les plus démunis partout à travers la planète.

Qu'il s'agisse des sentiments, du bon comportement, des principes de loyauté et de dignité, j'ai aujourd'hui cette étrange sensation que nous les avons oubliés, et ce presque délibérément, totalement absorbés par ce qui n'a aucun intérêt, car notre argent, notre temps et notre énergie sont dépensés sans compter pour des produits de consommation qui ne nous rendent pas meilleurs, et en vérité, c'est de cette façon-là que nous creusons quotidiennement notre propre tombe collective.

J'ai foi dans le défi de la solidarité, et spécifiquement en ce qui concerne l'engagement au service du bien commun, mais pour cela, il me paraît nécessaire de plonger tête la première dans ce qui s'apparente au défi d'aimer, à la fois des êtres humains, mais aussi de la terre et de ses animaux.

Le soufisme, cette dimension mystique de la spiritualité musulmane, m'a permis de comprendre ce qu'était l'amour véritable, au-delà des différences, et même du bien et du mal, le poète Rumi disait que « l'amour était plus fort que tout », et à l'image de Rumi, j'ai appris à naviguer en eaux troubles et à chercher dans les océans d'un amour authentique ma raison de vivre et d'exister, et ce défi que je me suis lancé il y a de cela plusieurs années m'a ouvert des champs d'action que je n'aurais jamais espérés possibles ; à travers les portes de l'Afrique, j'ai appris à ne plus détester mes ennemis, à les écouter et à les comprendre. Après cela, est-il nécessaire de préciser que l'amour a bouleversé ma vie ?

J'invite tous ceux qui souhaitent s'engager dans l'action humanitaire directe à ne pas ôter l'amour de leur grille de lecture, autrement, comment peut-on tendre la main à son prochain sans pouvoir l'aimer en amont ?

À vrai dire, je crois réellement qu'aucun de nous ne peut s'engager au service de la justice et de la dignité humaine sans avoir aimé son prochain avant tout, je fais référence à un amour désintéressé, désinvolte, innocent, au fait d'aider sans rien attendre en retour. Pour résumer :

Aider rien que pour aider, ou aimer rien que pour aimer.

Est-ce que l'abbé Pierre et sœur Emmanuelle ont sacrifié la plus grande partie de leur vie au service des nécessiteux sans ressentir un amour profond à leur égard ?

Je ne le pense pas.

Chaque jour de leur existence, et ce jusqu'à leur dernier souffle, ils ont passionnément aimé leur prochain et leur environnement, et de cet amour est sortie une œuvre humanitaire gigantesque à travers le monde, parce que la foi précède l'action, alors ils ont aimé avant même de s'engager socialement.

Dans un monde empli de guerres et de conflits, où la haine est présente partout où se porte le regard, j'ai fait le choix de ne pas surenchérir la colère collective et de ne m'engager dans aucune lutte idéologique ou géopolitique.

Je ne pense pas vivre dans une bulle utopique ou dans un univers parallèle, bien au contraire, j'ai la sensation à travers l'action sociale d'être pleinement conscient de la réalité du monde, parce que mon engagement humanitaire en est évidemment témoin.

Entouré de tentations de toute part, entre l'argent et le confort, j'ai pris un chemin singulier sur lequel j'ai la certitude de ne pas rencontrer la haine, la violence, le mépris, les remords et les regrets, car je sais qu'un jour, à l'aube de ma mort, au moment où mon passé défilera devant moi en l'espace d'un instant, j'aurai la conviction d'avoir vécu une vie qui en valait la peine, d'avoir aimé et d'avoir été aimé, car finalement, tout le reste n'a pas d'importance.

J'encourage toutes celles et tous ceux qui veulent s'engager dans l'action humanitaire directe auprès des populations à ne jamais renier l'amour et à ne pas minimiser ses conséquences sur notre vie et sur nos prises de décision ; par conséquent, je les encourage à lire, à apprendre, à faire preuve d'humilité, à méditer et à trouver au fond de leur for intérieur l'énergie nécessaire pour combattre la véritable injustice de notre époque, celle des inégalités sociales.

Les sages et les poètes sont plus à même que moi de décrire en détail les raisons pour lesquelles l'amour est indispensable à la vie, mais je sais avec expérience et conviction que je n'aurais rien construit d'aussi large et d'aussi étendu dans la dimension de l'action humanitaire si je n'avais pas été amoureux de mes semblables, qu'il s'agisse des chrétiens de Bolivie, des juifs du

Zimbabwe, des musulmans du Sénégal, des bouddhistes du Népal, ou encore des athées et agnostiques aux Philippines.

La particularité de cet amour profond et véridique, c'est qu'il ne fait aucune différence entre les communautés, les genres et les identités, et c'est peut-être pour cela que mes activités sociales se sont déployées dans autant de pays et de régions à travers le monde, ne faisant ainsi aucun favoritisme identitaire ou communautaire, car c'est bien cela l'origine même de ce que devrait être un engagement social, dans toute son authenticité.

En 2016, je me souviens de ma rencontre avec Sabrina, une Marocaine de 36 ans qui avait plongé dans l'action humanitaire depuis plus de 20 ans, et dans les villages du Rif qui surplombaient l'une des plus belles régions du Maroc, elle avait passé son temps à accompagner les personnes en situation de handicap, en leur apportant du matériel adéquat à leurs difficultés, des denrées alimentaires, des vêtements, mais aussi des gestes d'affection, de compassion et de respect.

Toute sa vie, Sabrina fut bénévole de l'action sociale, elle donna de toute son âme sans rien gagner en retour, si ce n'est un peu plus d'amour qui emplit son cœur tendre et qui lui permet de vivre aujourd'hui en paix avec ses valeurs et ses principes.

Et puis, un jour, parce que je fus troublé de voir à quel point elle avait voué sa vie aux autres, j'avais souhaité savoir ce qui l'avait maintenue en vie, et ce qui lui permettait d'être aussi passionnée, 20 ans après, malgré les difficultés et la pauvreté de son statut social.

Alors, Sabrina, dont la force de caractère n'a nulle égale, me fit comprendre, à travers quelques mots et une gentillesse divine, que le prisme de l'amour n'était pas étranger à sa persévérance.

CLÉMENT DU SUD-KIVU, LA SOUFFRANCE D'UNE VIE

Le génie d'Albert Camus l'avait prédit :

« Ce n'est pas la souffrance de l'enfant qui est révoltante en elle-même, mais le fait que cette souffrance ne soit pas justifiée. La souffrance use l'espoir et la foi. »

Il m'aura fallu du temps, des voyages et des réflexions existentielles pour mesurer à quel point la race humaine est en souffrance.

Au fil d'un long périple humanitaire à travers le monde, j'ai pu constater de fil en aiguille la profondeur des inégalités sociales que subissait une grande partie de la civilisation humaine.

En Afrique, au cœur de mon combat contre la pauvreté qui sévit dans les rues des plus grandes métropoles, je fus frappé par un phénomène millénaire que je n'avais jusque-là pas encore connu ; en effet, il m'aura fallu voyager sur le continent qui avait fait naître mon histoire personnelle et familiale pour comprendre ce qu'était le plus grand malheur des êtres humains : la misère.

Au Ghana, dans les étroites ruelles de Tamale, je fis connaissance avec la plus sanglante des réalités qu'il me fut possible de vivre, celle de sentir, de voir et de palper une extrême pauvreté à la fois cruelle et infinie.

Dans chaque bidonville, j'ai vu des enfants en danger perpétuel, de par l'absence d'hygiène tout d'abord, et parce qu'affamés par la malnutrition, ne se nourrissant que très peu et sautant les repas presque quotidiennement, des êtres de tendresse aux bras fins tels des brindilles, et puis ce regard creux qui ne cesse d'envahir mes pensées encore aujourd'hui, où se lisait la désespérance et le manque d'espoir en un avenir prospère.

Et puis, il y avait ces familles qui vivaient sans ressources financières, parfois obligées d'accepter la prostitution de jeunes adolescentes pour subvenir aux besoins de tous, parce que la misère crée le fatalisme, naturellement.

Tout comme la sécheresse qui crée un chaos dans la vie de milliers d'agriculteurs, où le dérèglement climatique n'a fait qu'accentuer la détresse de pauvres gens déjà minés par la vie, déstabilisant ainsi l'équilibre agricole de toute une région, où les populations africaines n'ont jamais semblé aussi vulnérables et aussi délaissées dans l'ordre de la chaîne alimentaire.

Cette même misère que combattait par les mots, jadis, le grand Victor Hugo, ou que l'abbé Pierre à son tour voulait anéantir un soir de février 1954 sur les ondes de la radio Luxembourg, je l'ai personnellement vue et vécue, et j'en ai été bouleversé jusque dans les profondeurs de mon âme, car après ce voyage au Ghana à l'âge de 25 ans, plus rien ne fut jamais pareil dans mon esprit.

J'ai vécu dans de nombreux pays et dans plusieurs continents ; en France, en Angleterre et aux États-Unis, j'ai pu constater à quel point les êtres humains se sont noyés dans la spirale de la surconsommation, à faire de la course aux richesses, à l'individualisme et à un égocentrisme assumé leurs raisons de vivre et d'exister, et sans pour autant porter à leur égard une quelconque forme de jugement moral, je ne peux m'empêcher de ressentir de la tristesse devant un spectacle criminel que représente le capitalisme financier et ses conséquences sur les êtres humains.

Nous autres, les citoyens des pays riches, mangeons à notre faim et dépensons à notre guise, plus les années défilent et plus nous déstabilisons de manière irréversible l'équilibre de la planète et de son écosystème, car en vérité, nous consommons de plus en plus pour ne laisser, finalement, que de minuscules miettes de pain à ceux qui, au plus bas de la misère humaine, ne peuvent ni se nourrir, ni se soigner, et encore moins jouir d'un minimum de dignité.

Il est plus facile de rejeter la faute sur nos dirigeants politiques et des puissants de notre monde, et s'il est évident qu'ils ont une part importante de responsabilité dans ce désastre civilisationnel, il serait également temps de reconnaître nos propres torts ; en effet, n'avons-nous pas nous-mêmes, citoyens prolétaires des sociétés développées, une part de responsabilité individuelle dans ce manque de solidarité ?

Combien de temps, d'énergie et de revenus avons-nous partagés aux plus pauvres de notre monde ?

Quel choix de vie avons-nous fait entre le partage et l'égocentrisme ?

Si je suis algérien et africain de par mon identité culturelle et familiale, j'ai également vécu la plus grande partie de mon existence en Occident, et de l'Europe à l'Amérique, je n'y ai vu qu'une course interminable aux biens et à la propriété, et si certaines lumières s'allument parfois dans les consciences individuelles où de plus en plus de femmes et d'hommes s'engagent pour le bien commun, la majorité des populations continuent de vivre la tête baissée, totalement absorbées par un libéralisme étouffant.

Par conséquent, il est évident que je ne peux accepter cette injustice à l'encontre d'un monde qui souffre, de populations qui ne savent pas si elles pourront se nourrir avant le coucher du soleil.

Cette prise de conscience qui fut la mienne ne s'est faite que par le voyage, au plus près de ces communautés africaines ostracisées, et cette misère que j'ai vue de mes propres yeux sévir dans différentes régions du globe ; aucun article de presse ni aucun reportage de télévision n'aurait pu avoir un impact semblable à mes yeux.

J'entends parfois dans les salons parisiens parler de la lutte contre la pauvreté, où la bonne conscience occidentale affiche des slogans d'égalité tout en se targuant d'être porteuse des valeurs et des principes fondateurs de la cohésion sociale ; pourtant, il me paraît évident que tout cela ne sont que des mots, vides de substances et de réalités, parce que l'engagement humanitaire ne peut être superficiel et sujet au mensonge et à la spéculation. Ainsi, assurément, seule l'action véritable sur le terrain a son effet, et de cela, j'en suis certain.

En République démocratique du Congo, dans la région du Sud-Kivu, j'ai vu la misère tout détruire sur son passage, où mélangée au virus Ebola, elle gangrenait de façon systématique toutes les âmes en peine, faisant de ce si beau pays et de cette si merveilleuse région du continent l'une des plus terribles qui soient.

La pauvreté n'a pas fait qu'anéantir le destin de ces pauvres gens, elle a aussi créé de la haine, de la violence, de la corruption et de l'obscurantisme chez de braves citoyens africains dont le cœur était pourtant pur, et dont la misère sociale, comme souvent, a tué leur foi en la vie.

Je ne crois pas qu'il naisse en ce monde un déséquilibre moral, des hommes bons et des hommes mauvais, ou que le bien et le mal puissent naître de façon aléatoire au cœur des âmes humaines ; en réalité, j'estime que nous naissons tous bons intérieurement, à la fois aimants et généreux, et que ce n'est qu'au fil de l'existence, en s'éloignant de l'amour et de la compassion pour autrui, que nous faisons naître en nous, et ce sans même le souhaiter pour autant, le germe du mal.

Par conséquent, je pense que la générosité vit en chacun de nous, enfouie dans les profondeurs complexes de notre identité, une compassion si grande et si sensible qu'elle ne demande qu'à s'exprimer et à s'épanouir au grand jour ; quant à mon rôle d'activiste humanitaire, au-delà même de l'aide apportée aux populations dans le besoin, il est naturellement de lutter chaque jour afin de faire émerger du cœur des êtres humains cette générosité à la surface de la vie.

Nous sommes tous capables de nous lever contre la misère, et j'ai aujourd'hui l'intime conviction que ce combat-là sera celui qui nous fera basculer dans une nouvelle ère de notre civilisation, car si je suis attaché aux droits de l'homme dans sa dimension la plus authentique, je crois que la véritable égalité sociale ne sera pas issue d'une révolte des mots ou des droits civiques, mais d'un véritable partage des richesses communes.

La liberté, l'égalité et la fraternité, toutes ces valeurs que nous chérissons toutes et tous, ces mêmes principes, qui sont censés faire de nous des êtres libres de raison, ne seront d'aucune utilité si nous continuons à vivre comme nous le faisons aujourd'hui, et si nous continuons de consommer davantage sans respecter les plus démunis d'entre nous.

Alors, aussi longtemps que nous n'aurons pas appris à partager et rendre justice aux populations qui souffrent de la misère dans une grande partie du monde, notre propre liberté ne sera qu'un leurre, une diversion vers ce qu'il y a de plus cruel en cette vie : le nombrilisme.

Ma liberté de vivre libre à Paris ne doit pas faire de moi un homme insouciant à la misère du monde, et le fait de jouir de tout le confort que nous offre la vie occidentale ne doit pas faire de nous des êtres aliénés à la consommation ; en conséquence, à quoi nous servirait donc la liberté d'être de conscience que nous offre un pays de liberté, si ce n'est pour changer le monde ?

Dès lors, se lever contre l'injustice doit être la destinée des hommes libres, et c'est pour cette raison que je continuerai sans cesse d'inviter le plus grand nombre de citoyens du monde à s'engager dans le partage des richesses et l'engagement social et humanitaire, parce que c'est le cheminement de mon existence et la voie que je me suis choisie ; de ce fait, je refuserai, de façon catégorique, et ce jusqu'à la fin de mes jours, que la pauvreté détruise l'existence des plus faibles d'entre nous.

Un destin brisé par la pauvreté, c'est par ailleurs l'histoire même de Clément, qui, du haut de ses 21 printemps, a vu la misère s'abattre sur son existence et le priver de toute forme d'espoir.

Clément, qui n'a connu de sa vie que la terre du Congo, a perdu toute sa famille durant la pandémie d'Ebola, il ne restait alors que son désespoir, son chagrin et ses histoires de famille qu'il m'a raconté un jour comme pour se libérer d'un poids, une vie de débauche dont je me rappelle encore toutes les péripéties, et ce sont d'ailleurs ces mêmes histoires qui changeront par la suite l'homme que je suis désormais.

Son père, puis sa mère quelques semaines plus tard ont succombé à la pandémie, puis ses sœurs et frères ont suivi en l'espace de quelques mois le destin tragique de cette famille innocente, si belle et généreuse à la fois.

Une histoire dramatique qui ne cesse de soulever mon cœur encore aujourd'hui.

Après avoir connu Clément, je ne me suis plus jamais permis de m'apitoyer sur mon sort, j'ai alors annihilé toute ma fierté mal placée et laissé derrière moi toute forme d'avarice, avec la volonté de devenir un homme meilleur, plus juste et plus responsable.

Aujourd'hui, Clément n'est également plus de ce monde, il s'en est allé un beau matin de juillet 2019 pour rejoindre les siens dans la paix et la joie, et même s'il n'arpente plus les rues de son village et que son beau regard n'illumine plus le monde, il continue de vivre chaque jour dans mon esprit et de m'accompagner dans toutes mes démarches de réconciliation, de justice, d'égalité et de liberté, parce que Clément est partout où mon regard se porte, et même si je l'aime d'un amour immense, je ne peux m'empêcher de croire qu'il est le symbole ultime des conséquences de la misère, et qu'il représente à lui seul la souffrance humaine dans toute sa réalité.

LA TOLÉRANCE D'HILARY, NOIR ET JUIF À LA FOIS

L'un des grands leaders spirituels du 20e siècle, le Mahatma Gandhi, a écrit :

« La tolérance nous donne un pouvoir de pénétration spirituelle qui est aussi éloigné du fanatisme que le pôle Nord du pôle Sud. »

Je suis de cette génération en perte d'identité qui, née entre deux rives et deux horizons distincts, a mis du temps à trouver ses marques dans cette société mondialisée.

Alors, comme de nombreux jeunes de mon âge, j'ai cherché des réponses dans la religion, puis dans la politique, et au cœur de mon adolescence, j'ai croisé de plein fouet la cause palestinienne avant de l'embrasser et de la chérir indéfiniment.

L'humanisme et son recul vis-à-vis de la politique ne faisaient pas encore partie de ma vie, alors, encore très jeune et peu cultivé, loin d'avoir fait le tour du monde et d'être allé au contact des populations toutes aussi différentes les unes que les autres, j'étais devenu un militant idéologique de la cause palestinienne, aimant comme un père le grand Yasser Arafat pour avoir été si proche de conclure une paix durable, sans pour autant savoir que j'aurais également dû aimer Yitzhak Rabin pour l'immense travail qu'il avait jadis effectué pour ces deux peuples liés pour l'éternité.

Alors, au fil des années, ce militantisme des idées avait créé dans mon esprit une forme de dogmatisme identitaire, musulman de religion et pro-palestinien de conviction, voilà ce que j'étais ; ainsi, tout ce qui pouvait s'apparenter à l'état d'Israël et la religion juive serait, de fait, un ennemi intérieur.

À l'aube de l'âge adulte, dépourvu de toute formation historique et géopolitique, dénué de tout recul et d'humilité, je flirtais avec un sentiment d'antisémitisme primaire.

Avec l'expérience, je comprends désormais que je me suis trompé dans mon analyse ; par ailleurs, ne faut-il pas du temps pour devenir plus sage ?

Ainsi sont arrivés les voyages au bout du monde et les rencontres d'un nouveau type, la mixité surprenante de mes différentes amitiés qui faisait de moi un citoyen du monde, responsable et ouvert sur les autres, acceptant la différence et cherchant continuellement à identifier ce qui pouvait nous rassembler en tant qu'êtres humains.

Si je suis un opposant à toute forme d'asservissement et de colonialisme, il est évident que je reste opposé à la politique israélienne et ses colonies, à la fois criminelle, illégale et irresponsable pour l'équilibre du monde, tout comme je le suis pour l'impérialisme chinois au Tibet et celui du royaume marocain dans le Sahara occidental.

Cependant, mon principal ennemi d'aujourd'hui n'est plus l'Israélien d'hier, j'estime désormais avoir mis de l'eau dans mon vin et changé ma façon de concevoir l'injustice ultime ; dès lors, mes nouveaux adversaires contre lesquels je mène une lutte acharnée et intemporelle se nomment l'illettrisme, la pauvreté, la maladie, le handicap, le fanatisme et la déforestation.

Et si l'action humanitaire de terrain a pris le pas sur mon engagement idéologique, je continue tout de même d'être un partisan convaincu de la cause palestinienne, parce que chaque mois, auprès de plusieurs dizaines de bénévoles locaux, je ne cesse d'apporter une aide spécifique aux populations de la bande de Gaza, à travers un travail d'équipe ciblé auprès des habitants qui vivent dans une misère absolue, de Khan Yunès jusqu'à la Cisjordanie, loin du fantasme du militantisme numérique et superficiel qu'offrent de nos jours les réseaux sociaux.

Je pense réellement qu'un jour, la Palestine sera libre, et que de Rafah à Naplouse, le peuple palestinien sera fier de sa victoire pour sa dignité.

Par ailleurs, je crois que leur liberté sera également issue d'un combat sans relâche de certaines forces israéliennes, qui, dans un souci d'égalité et de fraternité avec leur peuple frère que représente la Palestine, rétabliront un équilibre essentiel et vital pour la survie du Proche-Orient, et de surcroît, pour l'avenir du monde.

Aujourd'hui, il me paraît évident d'affirmer que la paix devra être négociée par le dialogue, la compréhension et la tolérance, et que ce n'est qu'à travers une approche infiniment pacifique que le dénouement du plus vieux conflit de l'ère moderne prendra fin ; quant aux armes, à la guerre et aux luttes sanglantes proposées de part et d'autre, elles n'aboutiront à rien qui puisse être positif, parce que le sang appelle le sang et la vengeance appelle la vengeance, c'est ainsi que l'histoire de l'humanité nous l'enseigne.

Par conséquent, la tolérance est une dimension prépondérante à l'équilibre des rapports humains, et moi qui suis engagé depuis plusieurs années au cœur de la bande de Gaza pour apporter une aide humanitaire spécifique à des populations en grande difficulté, j'ai vu dans le regard des Palestiniens que la guerre n'est plus une solution, et dans le discours de mes amis Gazaouis que la tolérance envers l'ennemi israélien et les populations juives dans leur ensemble est impérative.

À Tel-Aviv, j'ai des amis qui luttent pour rapprocher ces deux peuples devenus ennemis contre leur gré, et qui continuent sans relâche d'écrire l'histoire et de rétablir à l'intérieur même de l'État hébreu une forme de reconnaissance de la souffrance du peuple palestinien.

Tout n'est pas tout noir ou tout blanc, il y a des gentils et des méchants partout, et dans nos luttes idéologiques respectives, quelles qu'elles soient, nous ne devons jamais effacer de notre esprit que nous sommes des êtres humains avant tout, prédisposés à aimer et rassembler les peuples, parce qu'il est évident que la guerre n'est pas une solution et que les invectives et les insultes ne sont pas des alternatives viables pour le vivre-ensemble ; ainsi, il ne nous appartient que d'être à la hauteur de nos valeurs et de nos principes qui font notre histoire et notre civilisation.

La découverte de ce que signifie réellement la tolérance fut une révélation, autour de laquelle j'ai construit les bases d'une identité et d'une personnalité nouvelles, qui aura par la suite des répercussions sans précédent sur le cours de mon existence et sur mes actions humanitaires.

Elle m'a ouvert les portes de régions du monde que je ne connaissais pas, des communautés ethniques et religieuses que je n'avais jamais vu, la tolérance m'a par ailleurs permis d'avoir les yeux rougissant de bonheur lorsqu'à Noël, nous avons distribué des milliers de repas dans des orphelinats de Sucre, en Bolivie.

Puis, au Zimbabwe, lorsque la population juive Lemba nous a contacté, c'est avec fierté et honneur que nous les avons accompagné dès le début de la pandémie de Coronavirus, en distribuant de façon régulière des masques, des gants et des produits sanitaires de première nécessité aux populations locales.

En Birmanie, nous avons également suivi sur le plan alimentaire la communauté musulmane Rohingya, ostracisée et massacrée par le pouvoir militaire birman depuis des décennies.

Et puis, au Népal, dans la province de Rupandehi, c'est la communauté bouddhiste avec laquelle nous travaillons de façon paisible et durable, à qui nous apportons des fournitures scolaires aux enfants tout en leur proposant régulièrement des activités de jeux et de loisirs.

Partout à travers la planète, j'ai vu la fraternité humaine surgir et me rendre fier d'appartenir à cette seule et unique communauté à laquelle je m'identifie désormais, celle de l'humain et de l'universelle.

Sans la tolérance, rien de tout cela n'aurait été possible, j'aurais continué à vivre dans le spectre du communautarisme et du tribalisme, et dans ce sens, il me semble important d'affirmer que je me refuse le droit de distinguer les êtres humains en fonction de leur couleur de peau, de leur origine ethnique ou de leur confession religieuse.

Dès lors, toutes les femmes sont mes sœurs et tous les hommes sont mes frères, ni plus ni moins.

La tolérance, elle me fut enseignée par Hilary, un Zimbabwéen de 38 ans qui vit dans la province de Mutare.

Hilary est noir, Hilary est juif.

Deux communautés qui ont vécu d'innombrables souffrances pas plus tard qu'au siècle dernier ; de ce fait, il aurait pu être de ceux qui regardent le passé avec dégoût et amertume, en devenant aigri et rancunier, mais rien de tout cela ne fut le chemin qu'il emprunta.

En effet, depuis plus de 20 ans, Hilary est engagé dans le travail associatif auprès des populations de Mutare, où juifs et musulmans vivent ensemble, main dans la main, construisent des puits, des hôpitaux et des écoles, leurs enfants jouent en commun et leurs parents sont amis et fiers de le revendiquer, parce que le communautarisme et la haine n'ont clairement pas leur place dans leur quotidien.

Et si cette paix impensable ailleurs fut dès lors possible chez eux, c'est parce qu'Hilary est là, à veiller sur son peuple, peu importent les différences de chacun.

Aujourd'hui, je peux affirmer qu'Hilary est un modèle à suivre pour l'humanité, de l'écoute à la compréhension de l'autre, ou le symbole de ce que j'appelle la tolérance.

SOLIDAIRE TEL QUE CLAIRE, NEW-YORKAISE DE SOUCHE

L'immortel Victor Hugo a écrit :

« Rien n'est solitaire, tout est solidaire. L'homme est solidaire avec la planète, la planète est solidaire avec le soleil, le soleil est solidaire avec l'étoile, l'étoile est solidaire avec la nébuleuse, la nébuleuse, groupe stellaire, est solidaire avec l'infini. »

Si mon engagement humanitaire s'est accentué principalement à l'intention des pays du sud, où la pauvreté et la misère s'étendent d'une manière irréversible, j'ai également conscience que les inégalités sociales et la pauvreté persistent également dans les pays les plus développés.

Durant plusieurs années, je fus littéralement frappé par le grand nombre de sans-abri qui arpentaient les rues de Paris, et dans les yeux de ces femmes et ces hommes meurtris par la vie, j'ai vu tant de solitude, de tristesse et de désespoir.

Et face à ce constat, j'ai été bouleversé.

Entre les boulevards Haussmann et la rue La Fayette, dans le contraste surprenant des boutiques de luxe et des touristes aspirés par la surconsommation, de pauvres gens existent pourtant, invisibles de tous, mais pourtant réels, ils sont assis ou allongés sur des plaques d'égout et disparaissent dans les ténèbres de l'invisibilité, ils continuent de respirer, mais sont déjà morts intérieurement, sans espoir face à l'inhumanité de la société civile.

Ils sont des milliers dans les rues de la capitale française, celle-là même qui représente la beauté et l'élégance à travers le monde, censée porter les droits de l'homme et la liberté individuelle, c'est dans cette même ville que j'ai vu la souffrance des sans-abri et la passivité collective face à cette injustice, alors, comment imaginer qu'au 21e siècle, la misère puisse encore frapper la France ?

En voyageant à travers l'Occident, de Londres à Los Angeles, en passant par Lisbonne, Glasgow ou Berlin, j'ai constaté le même spectacle et le même désarroi ; dans des pays qui possèdent pourtant des milliers de milliards de dollars, comment peut-on accepter que l'extrême pauvreté puisse encore exister ?

Pourquoi tous ces pauvres gens n'ont pas accès à la dignité la plus élémentaire ?

Pourquoi ne sont-ils pas nourris et logés, particulièrement durant les périodes hivernales ?

À vrai dire, je ne peux imaginer un seul instant que tous ces pays développés et industrialisés n'ont pas les moyens d'éradiquer la misère qui arpente les trottoirs de leur belle capitale.

S'ils ont les moyens d'acheter des armes, des avions de chasse et des missiles nucléaires, alors, de fait, ils ont les moyens d'éradiquer la grande précarité sociale.

L'Organisation des Nations unies pour l'alimentation et l'agriculture (FAO) estimait en 2015 qu'il faudrait investir 267 milliards de dollars par an pour éradiquer définitivement la misère d'ici 2030, autant dire qu'à l'échelle des nations les plus puissantes du monde, cela équivaut à presque rien.

Dès lors, dois-je considérer que cette misère est souhaitable ?

Est-elle un moyen de pression morale sur les classes supérieures contre le spectre du déclassement social ?

Autant de questions auxquelles j'essaie de trouver les réponses les plus appropriées.

Et en même temps, si le pouvoir ne bouge pas, pourquoi nous autres, citoyens appartenant au petit peuple du prolétariat, ne faisons rien pour enrayer cette machine mortifère ?

Pourquoi laissons-nous de pauvres gens vivre dans la misère la plus terrifiante ?

Au seuil de nos maisons, devant nos supermarchés et nos cinémas, qu'attendons-nous pour relever le défi de la solidarité ?

Sommes-nous concernés par la détresse des autres ? Ou bien nous est-elle indifférente ?

Et pourtant, dans une démarche d'optimisme, je ne peux tout de même négliger le fait que ces dernières années, malgré cette pauvreté de plus en plus présente dans les rues de Paris, j'ai pu constater que de nombreux bénévoles s'engagent quotidiennement pour aider.

Ce sont des femmes et des hommes de plus en plus jeunes, conscients de la réalité des inégalités sociales de leur société et qui n'hésitent plus à sacrifier de leur temps, de leur énergie et parfois de leur argent pour aider de parfaits inconnus, certes, mais des semblables avant tout.

En février 1954, l'abbé Pierre fit un appel au peuple de France pour que la générosité devienne la norme, afin de venir en aide à ces milliers de sans-abri qui mourraient de froid en cet hiver particulièrement glacial, un appel à la charité de celui qui fondera ensuite Emmaüs et qui restera mythique, faisant ainsi basculer la conscience collective française dans une nouvelle dimension, celle de la solidarité.

Depuis, les Restos du Cœur, la Croix-Rouge française, le Secours catholique, le Secours populaire et Emmaüs sont venus en aide à des millions de personnes à travers la France, sans faire de distinctions entre les bénéficiaires, ils ont apporté leur aide, leur compassion, leur amour et leur solidarité envers des femmes et des hommes pour qui la vie fut une épreuve laborieuse.

Si l'abbé Pierre est un pionnier, d'autres ont pris le flambeau ensuite, sœur Emmanuel et Coluche ont été des bénédictions pour l'humanité, et par conséquent, ils ont toute ma reconnaissance.

À New York, au cœur de l'épicentre du monde libre, au pied même de la statue de la Liberté, les inégalités sont encore bien plus importantes qu'à Paris, où, dans les ruelles de Manhattan jusqu'au quartier de Wall Street, les sans-abri sont présents par dizaines de milliers à chaque lever de soleil ; quant à la misère, elle s'établit et s'étend indéfiniment au cœur de la grande pomme.

Dès lors, comment expliquer qu'une société aussi riche et développée peut-elle laisser une partie de sa population mourir de faim, de soif et de froid ?

Il fut un temps où les pauvres ne vivaient qu'à Harlem ou à Brooklyn, dans les quartiers les plus défavorisés de New York, mais de nos jours, de Times Square jusqu'à l'Upper East Side, la pauvreté gangrène chaque rue de la capitale économique américaine, et la désolation inonde l'esprit d'une ville qui se voulait pourtant libre et appartenant à l'humanité. De ce fait, il faut avoir le courage de l'affirmer : cette liberté n'est qu'un leurre.

Une société qui laisse ses propres enfants mourir de la misère sociale n'est certainement pas libre, quelles que soient l'apparence qu'elle nous donne et l'image qu'elle véhicule, elle est un assemblage de mensonges et de faux-semblants, sans foi ni loi, inhumaine et sanglante, totalement insensible aux privations et à la détresse des citoyens, avec tyrannie comme horizon, parce que l'extrême pauvreté est assurément un crime contre l'humanité.

À New York, loin des villages d'Afrique et d'Asie, d'Ebola et de la fièvre jaune, la misère humaine est présente, moins importante de fait, mais indéniablement réelle.

Peu importent ces présidents qui parlent d'égalité et de dignité humaine, fussent-ils Barack Obama ou Donald Trump, qu'ont-ils fait pour enrayer la situation d'urgence absolue que représentent la santé et la dignité de ces sans-abri ?

C'est d'ailleurs à New York que j'ai connu Claire, 28 ans, tout juste diplômée de la prestigieuse université de Columbia, issue de la classe moyenne supérieure américaine et dont les parents sont propriétaires d'une maison de vacances dans les Hamptons ; en effet, nous sommes ici bien loin de la désespérance humaine.

Pourtant, c'est bien Claire qui m'a démontré que la solidarité n'était pas une question de position sociale, mais seulement de pur bon sens.

Depuis plusieurs années, aux côtés de ses amis, elle arpente chaque soir d'hiver les ruelles de New York, et durant des heures, au-delà de l'aide qu'elle apporte aux sans-abri à travers la distribution de boissons chaudes et d'épaisses couvertures, elle se met à discuter, à échanger et à rire avec ceux à qui on a injustement ôté le droit d'être digne et libre.

Claire leur apporte de l'amour et de la compassion, elle leur tend la main et les écoute une grande partie de la nuit, elle n'a pas peur des rues sombres et des quartiers dangereux, parce que tout le monde la connaît désormais, et en conséquence, tout le monde la respecte.

Elle aurait bien pu éviter le regard de la pauvreté, se concentrer comme beaucoup le font dans une vie de privilèges, mais Claire a un cœur gros comme la lune et blanc comme la neige, et de ma vie, je n'ai jamais été aussi impressionné et admiratif d'un être humain.

Aujourd'hui, je me bats chaque jour pour atteindre son niveau de détermination dans sa lutte contre la pauvreté, elle est à elle seule la définition de la solidarité, dont la dimension est impérative pour l'avenir même de la civilisation humaine.

AHMET LE TURC, HOMME DE VALEURS ET DE PRINCIPES

La subtilité philosophique d'Ernest Renan raisonnait en ce sens :

« Toutes les grandes choses de l'humanité ont été accomplies au nom de principes absolus. »

Au 21e siècle, je crois que l'une des plus grandes crises que nous vivons est celle de l'authenticité, à travers les valeurs primaires que sont le partage, la générosité, la compassion et l'amour.

Depuis plus d'un siècle, nos sociétés modernes ont écarté l'être humain de ses priorités pour laisser place à un attrait au capital et à ses bénéfices, à la technologie et au numérique.

Les machines et les robots ont remplacé les êtres humains ; quant aux grandes entreprises, elles ont délocalisé leurs activités dans des pays où la main-d'œuvre est moins chère et bien plus manipulable, et de cette façon, de pauvres gens perdent les uns après les autres leur emploi au profit de la technologie d'un nouveau monde dépourvu de toute moralité.

Plutôt que de développer l'emploi et de dynamiser la sociabilité des citoyens, en permettant à des femmes et des hommes de travailler et de nourrir leur famille, la nébuleuse du néolibéralisme a insufflé une nouvelle forme de domination, engrangeant ainsi le plus grand nombre de profits possible tout en réduisant sa capacité d'accueil salariale.

Ces dernières décennies, le monde ouvrier s'est levé contre cette injustice avec la conscience que tout cela n'est que le fruit d'un projet bien plus large et plus cruel qu'on ne le pense, une ambition capitaliste qui est manifestement de tout matérialiser et de tout déshumaniser.

Au même moment, les populations des pays du Nord continuent de s'enfoncer dans une démarche de surconsommation perpétuelle, au fil des générations qui suivent, le changement est frappant et nous laisse sans voix.

Les enfants d'aujourd'hui naissent avec un smartphone à la main, des vêtements de grandes marques dès leur plus jeune âge, des comptes bancaires alors même qu'ils n'ont aucun revenu, et leurs parents, pourtant en âge de raison et noyés dans les profondeurs du matérialisme contemporain, intègrent dans l'éducation de leurs propres enfants cette logique de la consommation à outrance.

En luttant de toutes mes forces contre le capitalisme et ses répercussions, je suis par conséquent opposé à cette longue descente dans les enfers de l'hyper-matérialisme.

De fait, cette politique menée par le monde de l'argent et de la démesure est opposée au monde des valeurs humanistes que je défends chaque jour sur le terrain de l'action sociale, elle combat de manière frontale l'égalité entre les êtres humains, la charité et la compassion envers les plus démunis, alors j'estime que l'attrait de l'argent et la course aux richesses sont par définition les ennemis de la solidarité et du partage universel.

Dans un précédent ouvrage, j'avais analysé le phénomène de la surconsommation et de l'inhumanité du capitalisme financier qui gangrène les âmes et fracture de plus en plus les inégalités sociales, permettant à un groupe restreint d'individus de s'enrichir considérablement et appauvrissant en même temps les populations les plus pauvres qui soient.

Jamais il n'y a eu autant de milliardaires sur terre quand, au même moment, la misère n'a jamais été aussi palpable à travers l'intégralité des continents.

Ces inégalités irrationnelles sont le fruit d'une politique libérale qui s'est durcie au fil du temps et qui est totalement acceptée par les différentes populations du Nord, où toutes les classes de la société, y compris les plus pauvres, sont instinctivement attirées vers le matérialisme et ses effets.

Nos sociétés sont malades de ce phénomène contemporain, et si je ne suis pas sociologue ou philosophe, j'ai tout de même le recul nécessaire et l'expérience de l'engagement humanitaire pour affirmer que le diagnostic qui est le mien est celui d'un monde en crise, essoufflé de son surplus de richesse et de son manque de partage.

Je suis né et j'ai été bercé dans la tradition musulmane et celle de mes ancêtres, celle-là même qui m'a appris à donner de mon pain à celui qui n'en a pas, à respecter les plus pauvres et leur donner de mon temps et de mon énergie, il ne s'agit pas ici d'un enseignement purement religieux et dogmatique, mais de l'essence même de ce que représente l'humanisme, et dont le cœur de l'islam est à l'origine parfaitement imprégné.

Ce même humanisme, c'est celui que la charité chrétienne a également enseigné durant plus de 2 000 ans, à savoir celui d'aider son prochain et de lui apporter amour et gratitude.

Dans toutes les religions et toutes les quêtes de Dieu, le partage des richesses a été enseigné et prodigué, parce que cette philosophie de vie fut également celle de l'anti-matérialisme et fut à la base d'immenses civilisations.

Si nous sommes des êtres de conscience et de liberté, alors le défi de la solidarité doit nous mener à combattre cette injustice et à nous lever contre ce nouveau dogme qui détruit des vies, des familles, des espaces agricoles, des espèces animales et des océans entiers.

Il ne fait aucun doute que le capitalisme financier est la nouvelle religion contemporaine, et de surcroît la plus pratiquée quotidiennement, elle nous incite à consommer davantage et à faire de l'individualisme un chemin de conquête et de réussite personnelle.

Ce consumérisme moderne, à la fois pur et dur, dont nous subissons aujourd'hui les conséquences, c'est celui qui permet à l'illettrisme de s'étendre dans une grande partie de l'Afrique, fait perdurer les famines en Éthiopie et au Yémen, détruit nos forêts au Brésil et vide nos océans de leurs poissons et de leurs mammifères marins.

Si nous sommes des êtres libres et consciencieux, alors nous nous devons de combattre cette injustice en empruntant le chemin de la révolution, je ne parle pas de la révolte des mots, encore une fois, il est temps que nous soyons plus nombreux et plus actifs pour venir en aide aux plus démunis, pour partager nos richesses et agir pour le bien commun.

Pour cela, il va sans dire que nous devons combattre fermement le matérialisme en nous détachant de ces chaînes de soumission qui nous incitent à consommer sans cesse, parce qu'il est temps que nous devenions des êtres de raison, et non pas de simples consommateurs vides d'esprit et de morale.

Je crois que nous sommes capables de cela, si nos ancêtres se sont parfois battus les armes à la main contre un ennemi clairement identifiable, et cela pour sauver le monde, alors en leur mémoire, par respect pour leur dignité et leur sacrifice, pour leur combat et leur amour qu'ils ont porté à l'humanité, il est temps que nous luttions également contre l'ennemi contemporain : le capitalisme financier.

Cette nouvelle décennie qui s'ouvre à nous doit être celle de notre prise de conscience, à la fois individuelle et collective, à la recherche d'une authenticité, en se rapprochant des valeurs de nos ancêtres et en nous imprégnant d'amour et de compassion envers les plus faibles et les plus malheureux, quelles que soient la couleur de la peau, l'origine ethnique ou la confession religieuse, peu importent les différences, il est arrivé le temps du profond changement, et nous en sommes tous des acteurs à part entière.

Les valeurs et les principes fondateurs de l'humanisme authentique, c'est ce que j'ai perçu chez Ahmet, un jeune Turc de 26 ans qui vit à Gaziantep, à la frontière syrienne.

La vie de cet homme, qui deviendra par la suite l'un de mes plus fidèles amis, a basculé lors de la guerre en Syrie, et à partir de ce moment précis de son histoire, il a voué sa vie à aider les réfugiés de guerre.

Ahmet aurait pu être de cette jeunesse qui court derrière un idéal de réussite financière, à la fois jeune, brillant et intelligent, il est évident qu'il aurait pu être absorbé par la course aux richesses et à l'individualisme des sociétés contemporaines.

Mais le drame de la guerre lui a rappelé une réalité plus que cruelle : il y a dans ce monde des pauvres et des malades, et il est nécessaire et vital que certains s'en occupent.

Alors, depuis presque dix ans, Ahmet est un visage familier de tant de réfugiés qui ont fui l'atrocité du monde réel, et avec les moyens qui sont les siens, il leur a donné à manger, à boire, leur a transmis son écoute, sa gentillesse, sa foi et même son cœur.

Ahmet est un homme de paix, de dialogue et de respect, il n'est ni riche ni célèbre, travailleur de l'ombre à l'impact exceptionnel, il m'a fait comprendre la prépondérante importance des valeurs et des principes de l'humanisme dans le courant de la vie d'un homme.

LA COMPASSION DE ROBERT, L'ÂME DE LA FRANCE

La justesse d'Arthur Schopenhauer disait :

« Une compassion sans bornes qui nous unit avec tous les êtres vivants, voilà le plus solide, le plus sûr garant de la moralité. »

Ma vie a basculé le jour où j'ai été confronté à la misère du continent africain. À Tamale, au nord du Ghana, j'ai subi de plein fouet la puissance de la désespérance humaine et de ses effets dévastateurs, de par la pauvreté, l'insécurité et le manque d'hygiène, j'ai vu tout ce qu'on m'avait alors caché, et ce jour-là, ma vie a changé du tout au tout.

En Afrique, c'est là que, pour la première fois de toute mon existence, à l'âge de 25 ans seulement, je me suis véritablement pris de compassion pour les plus pauvres, les malheureux, les malades et les oubliés du monde, j'ai ressenti au fond de mon être à la fois de la tristesse et de la colère, mais au-delà de tout cela, une empathie manifeste pour tous ces pauvres gens ostracisés par le prisme du néolibéralisme.

C'est à ce moment précis que cette compassion a nourri en moi une volonté d'agir pour le bien commun, ainsi était né au fond de mon être la prise de conscience nécessaire qui me permettrait par la suite de m'engager pour la vie dans l'action humanitaire directe auprès des populations.

Aujourd'hui, au-delà même de mon travail d'activiste social, il me paraît impératif de participer à un éveil compassionnel en direction de la pauvreté et de la misère, car je crois qu'elle est une étape vitale pour inviter le plus grand nombre de femmes et d'hommes à s'engager pour le bien commun.

Nombreux sont ceux qui s'engagent dans l'action humanitaire le temps d'une seule et unique mission caritative, rien que pour assouvir une volonté de vivre une forme d'expérience et d'avoir matière à raconter, et au même moment, certains font preuve de générosité une seule et unique fois à travers un don, mais ne donnent plus jamais ensuite.

Je pense que pour que l'engagement au service des plus faibles soit constant, réel et profond, il est primordial de comprendre la véritable nécessité du partage des richesses et le pourquoi d'un investissement social.

En effet, la misère du monde actuel est si abyssale que notre engagement doit naturellement s'inscrire dans une démarche de changement radical, parce que la générosité et l'action humanitaire ne peuvent être ponctuelles ; en effet, les besoins et les manques ne connaissent aucun répit.

Par conséquent, si nous sommes honnêtes avec nos principes et nos valeurs humanistes, alors le malheur des pauvres doit nous pousser à être constant et endurant dans notre démarche de partage et de justice, dans un souci de cohérence avec nous-mêmes.

J'ai aujourd'hui atteint la conviction que nous sommes collectivement capables de réduire la grande précarité qui inonde le monde, si ce n'est même l'éradiquer totalement, mais cela sera possible uniquement si chacun de nous se met à partager un minimum de ses biens et de son temps, et ce régulièrement.

Et parce que nous sommes des millions d'âmes, riches de nos cultures et de nos histoires respectives, alors nous pouvons faire progresser l'humanité dans la meilleure des directions, dans une démarche de développement et d'amélioration, dans le sens du bien et de la réconciliation, et pour cela, il en va de notre intention réelle et de notre volonté d'agir.

Dorénavant, je lutte chaque jour pour impacter le plus grand nombre de conscience possible, et si je peux influencer dans le bon sens du terme une seule et unique personne avant le crépuscule du jour, alors j'aurai déjà la sensation d'avancer sur un chemin juste, car il est évident que la survie de notre civilisation passera par un éveil des consciences individuelles et collectives, et que ce n'est que de cette façon-là que nous changerons véritablement le monde.

Je crois viscéralement que toutes les âmes humaines sont nées pures et saines, et que si chacun de nous avait conscience de la véritable désolation que subit une grande partie de notre civilisation, alors la compassion à son égard serait bien plus importante et créerait des vocations à l'entraide, au partage et à l'engagement solidaire.

Dans un rapport d'humanité, avec le recul intellectuel ou spirituel nécessaire, il est évident que de nombreuses personnes se sentiront concernées par la violence des inégalités sociales, et ce réveil que je vois naître de jour en jour dans le cœur de tant de femmes et d'hommes, je souhaite au plus profond de mon être qu'il ne soit pas seulement virtuel, que ce ne soit pas une pauvre révolte des mots à travers les réseaux sociaux, parce qu'en vérité, j'aspire à une révolution authentique par l'action concrète et universelle.

Aujourd'hui, je m'oppose à tout ce qui se rapproche de près ou de loin à la superficialité, car à bientôt 30 ans, je me définis dès lors comme un adepte de l'action concrète et de la non-violence, ayant foi en cette humanité afin que le monde change, et qu'un beau matin, nous puissions nous lever ensemble afin d'aider les plus pauvres et les plus défavorisés qui soient sur le plan social, et que nous apportions de manière désintéressée notre soutien, et enfin, comme le disait l'abbé Pierre :

Que la générosité devienne la norme !

J'ai le cœur soulevé par la souffrance du monde pauvre, tout comme j'ai la gorge nouée devant la constatation de ces chiffres qui révèlent de profondes inégalités sociales et qui continuent sans cesse de s'accentuer, de voir des riches de plus en plus riches, et la misère, quant à elle, continuer de frapper inlassablement un grand nombre de régions à travers la planète.

Mes larmes n'ont cessé de couler depuis le premier jour où j'ai rencontré l'Afrique, sa terre rouge et sa souffrance qui flotte indéfiniment dans mes entrailles, et où l'extrême pauvreté a changé pleinement l'homme que je suis aujourd'hui.

Je ne peux imaginer un seul instant que nous resterons passifs devant cette injustice humaine, tout comme il ne m'est pas possible d'accepter que nous soyons aussi inhumains, cruels et désinvoltes, et que, de ce fait, nous laissions d'éphémères passions et un attrait à l'argent prendre le dessus sur nos consciences.

En conséquence, je suis un éternel optimiste et j'ai une foi profonde en l'humanité, et cette croyance me pousse à m'imaginer de meilleurs lendemains ; quant au constat alarmant que je dresse sur la situation humanitaire, cela ne m'empêche pas d'être confiant quant à l'avenir.

Je veux me battre pour mes enfants et leurs enfants, et même si je porte à cette terre un amour véritable et que l'optimisme règne en moi, j'ai tout de même conscience que je ne verrai pas de mon vivant un monde plus juste où les êtres humains vivraient libres et égaux, par conséquent, je me sais me battre au service des futures générations.

Dès lors, il me semble important que nous soyons tous compatissants de la misère humaine, quelles que soient notre religion, notre couleur de peau ou notre origine ethnique, quelles que soient notre position sociale ou nos convictions politiques, il est absolument nécessaire que l'être humain soit replacé au cœur de nos priorités.

Tant de fois j'ai vu des personnes pauvres socialement s'engager pour le bien commun, apporter de l'aide et du réconfort à des personnes nécessiteuses, parce qu'il est évident que la pauvreté n'est pas un privilège ni une question de position sociale.

Un soir de décembre 2018, j'ai rencontré Roger, un Français de 54 ans qui vivait dans les rues de Paris, sans-abri depuis plus de 15 ans, il avait pourtant accepté cette fatalité avec force et honneur.

C'est avec Roger que j'ai commencé pour la première fois de ma vie à organiser des maraudes dans les rues de la capitale, dans le froid glacial de l'hiver, Roger avait tout oublié, il avait cessé de penser à son propre sort pour offrir des boissons chaudes, des repas chauds et des couvertures à des sans-abri qui, comme lui, dormaient à même le sol sur les trottoirs de la Ville lumière.

Ce même Roger, qui avait jadis perdu foi en la vie, avait ainsi renoué avec l'amour de ce monde, à travers une compassion envers des femmes et des hommes dans la difficulté, Roger souriait tantôt, pleurait de joie parfois, il avait passé une grande partie de son existence à aider, à écouter et à comprendre des âmes heurtées par la souffrance que génère la précarité sociale.

J'ai tant appris de cet homme de paix, il fut d'une importance considérable dans mon apprentissage de la vie, maître et professeur à la fois, il était une lumière vers laquelle je me suis dirigé lentement, mais assurément.

Et moi qui suis quotidiennement attiré par la spiritualité, porté par la pratique d'une religion et d'une foi ésotérique, je suis fier aujourd'hui d'affirmer que j'ai tout appris d'un homme athée, ne croyant ni en Dieu ni au Jugement dernier, pourtant, c'est avec honneur que j'atteste que son humanité m'a conquis en profondeur.

Roger a choisi de ne jamais plus s'apitoyer sur son sort malgré sa pauvreté sociale, il a souhaité se sacrifier pour les autres, à les aimer plus qu'il ne s'aime lui-même, et même si Roger est mort aujourd'hui, emporté par la pandémie de Coronavirus en décembre 2020, il restera unique à mes yeux et présent dans chacune de mes prières.

J'ai entamé l'écriture de cet ouvrage en apprenant sa disparition ; ainsi, tous les mots d'amour que je prononce au fil des chapitres lui sont destinés, à cet homme de paix, d'empathie et de discernement, lui qui fut digne dans les épreuves les plus terribles qui soient, il est et restera à mes yeux l'ultime compassion dans sa forme humaine.

ROBERTO LE MEXICAIN,
À LA CONQUÊTE DU SAVOIR

Le rationalisme du biologiste français Jean Rostand était clair :

« Avant de rêver, il faut savoir. »

Mon engagement social fut le fruit d'une véritable prise de conscience à l'intention des plus démunis, mais au-delà des difficultés les plus abominables qui soient, telles que la famine, la malnutrition, le handicap ou la déforestation que je constatais de mes propres yeux, j'avais en ligne de mire la volonté de m'insérer dans un processus de développement éducatif des enfants africains.

Dans un rapport d'égal à égal et de dignité à dignité, persuadé que ces enfants étaient avant tout doués de raison et de discernement, je voulais contribuer à leur épanouissement intellectuel, culturel et social, ainsi, je faisais naître en moi une envie débordante d'apporter un soutien accru à tous ceux qui avaient été privés d'éducation, et à travers des moyens simples et rapides, leur donner envie d'écouter, d'apprendre, de lire et d'écrire, et tout cela dans l'intérêt individuel et collectif de la jeunesse africaine.

Ainsi, entouré d'une équipe de jeunes gens motivés pour changer le monde, nous avons entrepris des distributions de fournitures scolaires à travers l'Afrique, au Ghana tout d'abord, s'en est suivi par la suite de nombreux pays du continent tels que l'Algérie, le Togo, le Bénin ou encore le Burkina Faso.

À travers un cahier et un stylo, un simple livre et une calculatrice, nous nous sommes surpris de constater à quel point des petits détails avaient un impact sans précédent dans la vie de milliers d'enfants africains, qui, pour la plupart, n'avaient jamais eu accès à aucune de ces fournitures impératives à l'acquisition de la connaissance primaire.

Dans la simplicité, la rapidité et toujours dans ce rapport d'humilité à leur égard, de respect quant à leur dignité, nous avons contribué durant plusieurs années à leur épanouissement éducatif.

C'est lors de l'année 2016, aux prémices de mon parcours d'activiste humanitaire sur le terrain international, que j'ai découvert l'éminente importance que représentait l'éducation dans le cœur du développement social des individus, tout aussi importante que la santé et la nutrition, elle est primordiale pour l'émancipation de ces populations vulnérables et socialement ostracisées.

Selon l'Organisation des Nations unies pour l'éducation, la science et la culture (UNESCO), plus de 773 millions d'adultes et de jeunes à travers le monde ne possèdent pas les savoirs de base, et plus de 617 millions d'enfants et d'adolescents n'ont pas un niveau minimum de compétences en lecture et en mathématiques.

Plus grave encore, d'après l'ONG « Vision du Monde », plus de 258 millions d'enfants sont déscolarisés dans le monde, soit 1 enfant sur 6.

Nelson Mandela affirmait que l'éducation est l'arme la plus puissante qu'on puisse utiliser pour changer le monde ; de cela, j'en suis aujourd'hui convaincu, car j'ai vu à quel point de simples fournitures scolaires avaient la force de stimuler la créativité de ces enfants, et comment cela permettait ne serait-ce qu'un instant d'oublier la misère sociale à laquelle ils sont quotidiennement exposés.

L'analphabétisme est toujours aussi conséquent dans les régions les plus pauvres du monde, et à une époque soumise à la doctrine numérique et la bulle de l'Internet, il est devenu vital de pouvoir lire, écrire, compter et comprendre, et de fait, il s'agit là d'une condition impérative à la survie et l'épanouissement des plus jeunes populations délaissées et oubliées du monde.

J'ai le cœur lourd devant cet illettrisme grandissant qui sévit aux quatre coins de la planète, de l'Afrique subsaharienne à l'Amérique du Sud, du Tchad à la Bolivie, jusqu'aux confins de l'Asie du Sud-Est, il me paraît évident que cette injustice qui leur est faite ne pourrait que générer du malheur et de la désolation pour leur avenir, là où la vie fait place au désespoir, je ne peux accepter cela, tout comme je ne peux que lutter de toutes mes forces contre tous ces maux dont souffre l'humanité.

Depuis, je n'ai cessé de me diversifier dans le déploiement d'une aide humanitaire en m'intéressant aussi bien à la santé, à la malnutrition qu'au handicap, à l'écologie ou à la condition des femmes isolées.

Pourtant, je n'ai jamais abandonné l'éducation, alors chaque jour, je continue de déployer activement des projets éducatifs en Afrique et en Amérique latine, où j'essaie, à mon humble échelle, d'apporter une aide spécifique à des dizaines de milliers d'enfants.

La quête du savoir est fondamentale dans le monde d'aujourd'hui, traversé par les pires crises sociales et idéologiques qui soient, je ne souhaite pas que nos enfants soient touchés par la force de l'obscurantisme, en leur évitant d'approcher ce mal que je connais trop bien, et que l'Algérie, mon pays, a vécu dans son for intérieur pendant plus d'une décennie.

Dans ce sens, je veux leur offrir la possibilité de devenir des êtres de conscience et d'intelligence, que la liberté individuelle devienne un fondement de leur répertoire de valeurs et de principes, et qu'ils sachent ce que signifient l'égalité, l'amour, la liberté et la compassion pour autrui.

Dans les pays les plus touchés par le fanatisme religieux, au nord du Cameroun, en Inde, au Pakistan et au Nigéria, j'essaie d'apporter mon aide afin que ces enfants ne plongent jamais dans les profondeurs du radicalisme et de la violence idéologique, en les extirpant de toute forme de doctrine sectaire, afin que le libre arbitre leur soit offert et devienne impératif à leur équilibre.

Et même si j'ai conscience que le chemin est encore long avant que tous les enfants du monde soient définitivement éloignés de ce phénomène millénaire qui gangrène des millions d'âmes humaines, je continuerai jusqu'à mon dernier souffle de les extirper de ces idéologies mortifères qui détruisent leur vie et leur espoir de liberté.

Dans la plus grande partie du monde, ils sont des centaines de millions à ne pas avoir accès au savoir de l'école primaire, des enfants qui ne sauront jamais comment avaler les pages d'un beau livre, en conséquence, ils ne connaîtront pas Victor Hugo, Kateb Yacine, Aimé Césaire, Louis-Ferdinand Céline ou Antoine de Saint-Exupéry.

Ils ne pourront ainsi jamais plonger dans les profondeurs des poèmes de Rumi ou de Ibn Arabi, ni étudier les traités de philosophie d'Arthur Schopenhauer ou de Friedrich Nietzsche.

Le savoir est une arme pacifique contre le mal et le désespoir, contre l'injustice et l'hypocrisie des hommes, elle est un chantier majeur de l'engagement humanitaire qui me fait me lever chaque matin, avec motivation, détermination et une volonté indéfectible de faire acquérir le savoir.

Je suis un Algérien de Constantine, éduqué à travers la pensée de feu Abdelhamid Ibn Badis, qui fit éclore en moi l'honneur et l'amour d'être né algérien au milieu du concert des identités, me rendant fier et humble face à l'adversité, et m'a poussé vers des horizons si lointains que je n'aurais jamais imaginé atteindre.

Le professeur Ibn Badis a fait de moi un homme, de passion et d'action, et jusqu'au dernier jour de ma vie, je ne cesserai de lui en être reconnaissant, et à chaque fois que je le lis encore aujourd'hui, il me fait vibrer intensément.

Il fut ma première rencontre intellectuelle de grande ampleur, je fus par la suite foudroyé par la littérature d'Albert Camus, par la pensée mystique d'Ahmed Inayat Khan, ainsi que par les poèmes du maître de l'amour, Djalal ad-Din Rumi.

Si mon rapport à la lecture m'a permis de dépasser les frontières de mes propres repères et m'a fait sortir de ma zone de confort, je ne doute pas un seul instant que l'accès à la connaissance transformera la vie de nos enfants les plus défavorisés socialement et, en quelque sorte, changera l'avenir du monde.

Il y a de cela plusieurs années, j'ai rencontré Roberto, il n'avait alors que 18 ans et il étudiait déjà à l'université de Mexico.

Un jour, ce jeune Mexicain de bonne famille s'est mis en tête d'apporter une aide éducative quotidienne aux enfants indigènes de la région de Tacotalpa.

Lui qui avait grandi dans un certain confort au sein d'une banlieue aisée de la capitale mexicaine, et alors même qu'il ne s'était pas encore construit socialement, décida de dédier sa vie à l'éducation de ces enfants afin de leur apporter la chance qu'ils n'avaient pas eue, celle de s'instruire dignement, de lire et d'écrire, et de devenir des individus dignes et libres au cœur de la société moderne.

Plusieurs années ont passé et Roberto n'a jamais cessé d'investir de son temps, de son énergie et de son argent pour des milliers d'enfants indigènes, il est à leurs yeux un sauveur divin, et j'ai vu dans le regard de ces enfants ce que représente cet homme plein d'espoir : un modèle par excellence.

À la fois tolérant, intelligent et ouvert sur les peuples différents, il est un citoyen du monde qui n'a pourtant jamais quitté son Mexique natal, mais peu importe, car ce savoir qu'il transmet aux enfants indigènes voyagera quant à lui au-delà même des frontières de l'Amérique, et atteindra un beau jour l'Afrique, l'Asie et les confins du monde.

Et si la planète entière ne connaît pas encore Roberto et son engagement au service des enfants, les indigènes de Tacotalpa, quant à eux, n'ont d'yeux que pour lui, parce qu'il représente un espoir à lui seul et le plus grand ambassadeur de la liberté individuelle, à savoir : l'éducation.

MALALA LA MALGACHE, BRILLANTE FÉMINISTE

L'éternelle Simone de Beauvoir a dit :

« C'est par le travail que la femme a en grande partie franchi la distance qui la séparait du mâle ; c'est le travail qui peut seul lui garantir une liberté concrète. »

Si la lutte pour une meilleure justice sociale est un chemin que je souhaite emprunter pour le reste de mon existence, alors j'estime vital le fait d'identifier toutes les causes qui valent que je donne de mon temps et de mon énergie.

Parmi ces batailles de terrain, il en est une dont la légitimité est incontestable, et dont la situation actuelle doit représenter une priorité absolue.

Cette lutte, c'est celle des femmes pauvres.

Si je me permets de préciser la pauvreté comme spécificité, c'est parce qu'il est évident que les femmes ne sont pas une catégorie sociale en soi ; en effet, il n'existe aucun point commun entre une cadre du tertiaire en poste dans un quartier d'affaires et une femme de ménage dans une banlieue périphérique.

Et même si elles sont toutes les deux femmes, elles n'ont définitivement rien en commun.

De fait, je crois que les différences identifiables et réelles se distinguent en fonction de leur catégorie sociale ; en soi, il y a les riches et les pauvres, et c'est à ce niveau précisément que s'inscrivent les inégalités d'une société.

Cela ne fait évidemment pas de moi un marxiste congénital, mais un simple activiste humanitaire qui a analysé toutes les formes de disparités de l'époque contemporaine et qui a identifié de façon précise les origines de la déstabilisation du monde.

En ce qui concerne les femmes, ce sont les plus défavorisées socialement qui m'intéressent et vers qui je tourne mon regard pour essayer de trouver des solutions adéquates.

Au tribunal de l'Histoire, je me suis aperçu avec tristesse et colère que les femmes pauvres étaient les grandes perdantes de l'humanité, celles à qui on a accroché les chaînes de la soumission religieuse, de l'analphabétisme, de l'asservissement social et de la prostitution.

Par ailleurs, selon l'UNESCO, le taux d'alphabétisation des femmes ne dépasse pas les 50 % dans plus de 12 pays d'Afrique subsaharienne. Il reste même en dessous des 20 % dans certains cas.

Plus grave encore, selon SANOFI, plus de 1 600 femmes meurent chaque jour suite à une grossesse ou un accouchement, et entre 15 % et 71 % sont victimes de violences physiques ou sexuelles dans leur vie.

Dans les discours des bonnes consciences occidentales, j'entends dire que la femme est désormais libre car elle a droit à la parole, parce qu'elle dispose désormais de son corps librement et que justice lui est faite depuis l'avènement du mouvement #MeToo.

Je ne suis pas naïf pour croire que la femme occidentale, à la fois éduquée et diplômée, représenterait les femmes dans leur ensemble.

En effet, de l'Amérique du Sud à l'Afrique subsaharienne, en passant par l'Asie du Sud-Est et les Antilles, la grande majorité des femmes sont piétinées, elles n'ont le droit ni à l'égalité ni à la dignité.

Leur santé est en danger, où dans certains pays, comme le Niger ou le Tchad, mettre au monde un enfant est un risque de mort subite.

Au Pakistan ou en Inde, elles sont nombreuses à être violées et tuées.

En Colombie et au Mexique, elles sont transformées en produits sexuels de consommation et vendues à l'industrie criminelle de la prostitution.

Au Mali, au Sénégal et aux Comores, elles sont des millions à ne savoir ni lire ni écrire, à ne pas pouvoir travailler par manque de savoir et de références intellectuelles, prisonnières d'une condition sociale qu'on leur a imposée dès la naissance.

Les années passent et leur liberté n'a jamais été aussi piétinée par le patriarcat contemporain, identifié tantôt par le capitalisme financier, tantôt par le fanatisme religieux.

Le sort tragique de ces centaines de millions de femmes me fait rougir les yeux, et en pensant à elles, je ne peux que faire le lien avec la femme qui m'a mis au monde, celle-là même qui a tant souffert pour me donner la vie et qui m'a chéri comme personne n'aurait su le faire, celle qui a sacrifié son honneur et sa fierté pour moi lorsque j'ai pu être injuste à son égard, aujourd'hui, avec l'âge et la sagesse de l'expérience humanitaire, je lui voue un culte exclusif et un amour sans fin, parce qu'elle est unique à mes yeux.

Cette mère que je décris, ce n'est pas seulement la mienne, c'est celle que chacun d'entre nous reconnaît dans son histoire personnelle, cette femme qui nous a bercé et accompagné depuis le premier souffle de la vie, et dont absolument rien ne saurait lui rendre son mérite.

Dans chacune des femmes que j'ai vu souffrir à travers mon action sociale, j'y ai vu l'amour et la sagesse de ma propre mère, et c'est en les identifiant à l'être le plus important de mon existence que je me suis pris d'une infinie compassion à leur égard.

Nous sommes au 21e siècle et la grande majorité des femmes de ce monde sont encore violentées, violées et massacrées, elles sont ostracisées pour ce qu'elles sont, parce que pauvres, parce qu'analphabètes et parce que seules.

Du nord au sud de la planète, dans les sociétés riches comme dans les sociétés pauvres, lorsqu'une femme est affaiblie socialement, elle est systématiquement en danger.

Que ce soit sur le plan social et politique, absolument rien dans l'appareil législatif ne permet aux femmes isolées de s'extirper de la misère, tout comme ces millions de mères célibataires qui vivent une injustice de taille, elles ne sont ni protégées ni respectées.

Nous sommes, nous autres les masculins, pleinement responsables de cette inégalité et de cette injustice, car depuis l'enfance, il ne nous fut jamais enseigné l'importance prépondérante des femmes dans le développement de notre vie, de nos rapports humains et de l'évolution d'une société responsable.

Je ne crois pas que la femme soit seulement régie pour procréer et élever des enfants, en vérité, elle est bien plus que cela, à la fois douceur, amour et compassion, elle est surtout créativité et intelligence, elle sait choisir et diriger, décider par elle-même ce qu'elle croit juste pour son équilibre, et de cette façon, elle peut impacter le monde autant que l'homme le peut.

À Niamey, à Medellín ou à Bombay, à Alger ou à Islamabad, leur dignité leur a été volée, elles ont perdu le droit d'être dignes et égales devant l'Histoire, peu importe le combat féministe des grands salons parisiens, ce sont les femmes pauvres issues du monde pauvre qui m'intéressent ici.

C'est vers elle que je tends mon cœur et mon esprit, et c'est à leurs côtés que j'entends changer le monde.

Dès lors, elles sont toutes mes priorités absolues.

C'est dans ce sens que j'ai admis l'idée que la condition de la femme pauvre ne peut s'améliorer que par l'accès au savoir et au travail, afin de lui permettre de s'extirper de la soumission à l'homme et de lui accorder l'autonomie financière et sociale nécessaire.

D'ailleurs, c'est au cours de mon engagement humanitaire à travers l'intégralité de l'Afrique que j'ai fait la rencontre d'un être qui a remis en question toutes les idées préconçues et patriarcales que je m'étais faites de la femme en général.

Cette fameuse rencontre, c'est celle de la brillante Malala, en 2017 ; au moment où je l'ai vue pour la première fois, elle avait 33 ans et était déjà cultivée, drôle, intelligente et plus humaine que n'importe quel être humain.

Malala a vécu toute sa vie dans un des nombreux bidonvilles de la capitale malgache, Antananarivo.

Éloignée des études contre son gré dès l'âge de 13 ans, elle a dû travailler pour subvenir aux besoins de sa famille, de son père réduit par le handicap et de sa mère affaiblie par la maladie.

Et devant cette vie de misère et de débauche, dans l'extrême pauvreté et la difficulté, Malala a continué de se cultiver secrètement à l'écart de tous, elle s'est perfectionnée dans le management, le droit et l'art.

Devenue adulte, elle s'est mise en tête de venir en aide à toutes ces jeunes filles d'Antananarivo, qui, comme elle, ont grandi au cœur de la misère de Madagascar.

Elle créa ainsi un institut de formation pour former les filles et les femmes aux métiers de la couture et du stylisme. Elles sont des milliers à avoir appris un métier et à s'être émancipées socialement, et tout cela grâce à la volonté d'un seul être : Malala.

Aujourd'hui, cette jeune Malgache n'a certainement pas changé la condition de toutes ces pauvres femmes à travers la planète, mais elle a changé une part de son propre monde, fait basculer des destins et créé des vocations de l'est à l'ouest de son île natale.

Malala fit émerger de la passion et de l'amour dans le cœur d'une multitude de femmes malgaches, et c'est cela, dans sa forme la plus authentique, ce qui me paraît être la définition même du féminisme.

YUNUS,
LE JUSTICIER DE BEYROUTH

Le philosophe chinois Confucius a dit :

« L'homme de bien situe la justice au-dessus de tout. Un homme de bien qui a la bravoure mais qui ignore la justice sera un rebelle. L'homme médiocre qui a la bravoure mais qui ignore la justice sera un brigand. »

Parmi toutes les raisons plus ou moins essentielles qui m'ont poussé à l'action humanitaire auprès des populations, il ne fait aucun doute que l'une des plus importantes d'entre elles fut celle de combattre l'injustice sociale.

À la fois enfant de la guerre d'Algérie et citoyen de seconde zone au cœur de la République française, l'intégralité de ma généalogie récente fut de toutes les luttes pour la dignité humaine, du droit à la vie sous l'Algérie occupée au droit à l'égalité sous la ghettoïsation de la France hexagonale.

Dès les premières années de mon existence, je savais que mon nom, mon teint de peau, ma culture et ma religion faisaient de ma famille et de moi-même des êtres ostracisés par l'appareil institutionnel français, rejetés pour la simple raison de ce que nous étions, et de cette injustice humaine que j'ai vécue dès le plus jeune âge, je me suis construit une façon d'être, d'agir et de penser.

L'injustice commise par les hommes m'a paru insupportable et impossible à accepter ; à l'image de mes ancêtres qui furent assassinés sur leur propre terre par l'armée française, je ne pus m'empêcher de me révolter contre toute forme d'injustice, en me politisant tout d'abord, puis à travers un engagement social et humanitaire ensuite, à travers lesquels j'ai mis en pratique sur le terrain ma volonté de rétablir une forme de dignité au sein des rapports sociaux.

J'aurais pu être syndicaliste, militant politique ou associatif, j'aurais pu élever haut et fort l'étendard de la justice sociale, en utilisant les verves et les slogans pour impacter les consciences humaines, mais l'Algérien que je suis, imprégné des luttes de terrain réelles et universelles de ses ancêtres, refusa logiquement toute forme de superficialité dans la lutte pour l'égalité des êtres humains.

Ainsi, j'ai estimé plus que nécessaire de m'engager dans l'action concrète, en utilisant tous les moyens que j'avais à disposition pour changer la vie des plus démunis, et ce à mon infime échelle.

L'injustice structurelle de la société française faisait de ses propres citoyens de couleurs, noirs ou d'origines maghrébines, des êtres de seconde zone, j'en avais parfaitement conscience, mais cette injustice que j'avais vécue au plus profond de ma chair durant toute mon enfance ne me permettait plus d'en faire mon unique obsession.

En effet, au-delà de cette douleur personnelle, la lutte contre la pauvreté et pour la dignité humaine me paraissait plus que prioritaire, elle était à mes yeux la plus prépondérante des priorités, car elle touchait des êtres humains de toutes origines et de toutes confessions et semblait être un fléau universel et intergénérationnel, c'était donc dans cette direction qu'il fallait que je m'engage, et en ce sens, j'avais trouvé ma véritable vocation.

L'écart des inégalités sociales à travers le monde qui s'est creusé au fil des années, générant de ce fait de plus en plus de pauvres et de plus en plus de riches, est un phénomène contemporain que l'on explique à travers le développement sinistre du capitalisme financier et néolibéral, et ses répercussions sur la vie de nos sociétés modernes.

Ces mêmes inégalités visibles à l'œil nu au sein même de nos espaces communs ne peuvent continuer à s'épanouir sans risquer de mettre à terre notre civilisation tout entière, par conséquent, il en va de la survie de nos futures générations que de prendre conscience de ce problème majeur, de ne pas l'accepter et de lutter corps et âme pour l'éradiquer.

Si ces injustices sont nées de la volonté d'une poignée d'individus, elles sont aussi le fruit d'une paresse collective, une faute de la part des peuples qui, de façon totalement décomplexée, ont délaissé l'aide sociale, l'engagement humanitaire et le partage des richesses à destination des plus pauvres.

Avec l'expérience de l'action associative, je suis persuadé que nous sommes capables de rétablir une plus grande égalité à travers une véritable solidarité citoyenne et universelle ; pour cela, il est impératif que chacun de nous prenne conscience que nous faisons tous partie de la même et unique famille, que la pauvreté et la misère sont des crimes contre l'humanité et qu'il en va de notre devoir que de s'entraider et de tendre la main à ceux qui en ont besoin.

Dans un monde connecté, il est évident que le malheur des Africains et des Sud-Américains nous concerne directement, que les réfugiés palestiniens et syriens doivent désormais être considérés à leur juste valeur, et pour cela, il en va de notre ressort que de se rassembler pour leur venir en aide.

L'époque contemporaine bercée par le rythme de l'Internet et de ses réseaux sociaux ne nous permet plus de fermer les yeux sur la misère grandissante à travers le monde ; désormais, nous ne pourrons plus dire que nous ne savions pas, et si nous ne faisons rien pour enrayer la mécanique criminelle de la crise humanitaire mondiale, alors l'Histoire nous jugera pour n'avoir rien fait.

Quand agir ? Comment agir ? Et pour qui agir ?

Autant de questions essentielles qui méritent d'être posées, et dont j'ai apporté mes réponses les plus adaptées dans mon précédent ouvrage, *Agir pour Exister*.

Se questionner est déjà une forme de prise de conscience à l'intention des plus démunis, et c'est déjà une victoire en soi.

Si nous sommes loyaux envers nos principes, et si nous faisons de la liberté et de l'égalité des valeurs essentielles à notre vivre-ensemble, alors il ne fait aucun doute que nous ne devons pas reculer d'un iota contre toute forme d'injustice sociale, et qu'il est temps que nous apportions, chacun à notre niveau, notre pierre à l'édifice du partage des richesses.

Au fil de ma vie, j'ai pris conscience que la solidarité n'était pas une question de position sociale, en d'autres termes, il ne suffit pas d'être riche pour aider, il est seulement nécessaire de ressentir de la compassion envers les plus pauvres et une volonté indéfectible de leur venir en aide.

Au Liban, j'ai connu Yunus, de père musulman et de mère chrétienne, tantôt bercé par la foi du prophète Muhammad, tantôt animé par le sacrifice du Christ.

Du haut de ses 25 ans, Yunus est un révolutionnaire contemporain, à la manière du commandant Massoud et du pasteur Martin Luther King, il se bat contre les injustices de son peuple.

Dans les ruelles les plus pauvres de Beyrouth, il vient en aide aux familles les plus défavorisées en leur apportant nourriture, vêtements et réconfort, et dans la fleur même de l'âge, quand des millions de jeunes sont absorbés par la course aux richesses et à l'individualisme, lui ne connaît pas le repos compassionnel, il ne cesse de partager son temps et son énergie pour combattre un peu plus les inégalités que vivent ses concitoyens.

Moi qui ai vécu au sein d'une société française fracturée par les débats identitaires, c'est au Liban, sur cette terre où tant de conflits se sont déroulés et où tant de sang a coulé, que j'ai constaté la beauté du vivre-ensemble, où les contraires s'attirent et où la communauté humaine prime sur le tribalisme identitaire.

Yunus est comme Albert Camus, il a préféré mettre ses identités au second plan de son approche humaine, afin que ni l'Islam ni le Christianisme ne puissent l'empêcher d'accéder à la raison.

C'est après cette rencontre que j'ai entamé ce long processus de déconstruction identitaire, m'éloignant de toute forme de communautarisme et en m'identifiant désormais à l'humanisme authentique, frère de ces athées, agnostiques, juifs, chrétiens ou bouddhistes que j'avais rencontrés, autant que je suis frère de mes propres coreligionnaires musulmans.

Yunus est un guerrier des temps modernes, il ne possède ni épée ni fusil, il ne répand ni le sang ni la violence, en réalité, il est le symbole de la juste cause, et chaque jour, dans les ruelles

les plus sombres de Beyrouth, face au danger perpétuel et la pauvreté saisissante de cette région du monde, lui reste impassible, concentré sur ses objectifs de réconciliations et d'actions humanitaires de terrain, en vérité, il est un justicier contemporain.

LA TERRE DE FRANCK, LA MAIN VERTE DU GHANA

Le plus grand génie du 20e siècle, le mathématicien Albert Einstein, a dit :

« Les plus grandes épreuves auxquelles le monde aura à faire face dans les années à venir seront certainement la surpopulation, le manque de ressources, des pandémies de toutes sortes, des maladies connues et nouvelles et des pollutions de toutes sortes. »

L'engagement humanitaire, dans toute sa profondeur et sa complexité, me fit donc découvrir des horizons que j'avais alors négligés durant la plus grande partie de mon existence.

De l'éducation à la santé, en passant par le handicap ou l'aide aux femmes isolées, les thématiques furent si nombreuses et les besoins si importants que je ne cessais de découvrir, de jour en jour, de nouvelles luttes primordiales pour la survie de notre civilisation.

Parmi elles, je découvris la cause écologique, celle-là même qui mettait sur la table les dangers de la déforestation et du réchauffement climatique.

J'avais grandi loin de la nature et de sa simplicité, de ses besoins et de ses aspirations, et de ce fait, je n'avais aucune notion de ce que signifiait réellement l'écologie ni de l'importance de prendre soin de cette planète dans laquelle je vivais.

Depuis tout jeune, j'avais constaté que cette société poussée au matérialisme le plus extrême avait fait de nous de simples consommateurs à outrance, nous incitant ainsi à piller la nature de ses ressources primaires, et ce sans aucune notion de partage équitable des richesses communes.

Je voyais cette industrie alimentaire inconsciente de par des supermarchés remplis à la démesure, et des femmes et des hommes noyés dans la surconsommation participaient sans gêne à ce spectacle cruel de l'individualisme économique, dans ces lieux de prédilection pour la commercialisation de la viande industrielle, tandis qu'au même moment, des millions d'enfants à l'autre bout du monde ne pouvaient ni se nourrir, ni se vêtir, et encore moins se soigner et respirer un air de liberté.

La logique de la surconsommation, dont la politique est directement insufflée par la gouvernance du capitalisme financier, a naturellement fait de nous des citoyens méprisants quant à la terre, à ses eaux et à son atmosphère.

En 30 ans, les ressources naturelles de la planète ont diminué de 30 %. Selon l'Union Internationale pour la Conservation de la Nature et de ses ressources (UICN), 17 291 sur les 47 677 espèces répertoriées dans le monde sont aujourd'hui menacées d'extinction (chiffres de 2009).

Par conséquent, nous n'avons cessé de consommer jour après jour, semaine après semaine, empilant par ailleurs nos déchets plastiques au cœur de nos villes et de nos campagnes, au moment où nos véhicules se sont chargés d'asphyxier l'air de nos métropoles de ses fumées et de ses rejets toxiques ; ainsi, c'est de cette façon que notre consommation à outrance a envahi l'intégralité de nos océans jusqu'à provoquer la disparition même de plusieurs espèces, et puis, au cœur de cette immense désolation, nous avons collectivement participé à ce crime de masse contre la planète Terre.

En ce sens, nous pouvons affirmer avec certitude que nous sommes tous coupables de cette situation, de par notre dépendance aux énergies fossiles, tels que le charbon, le gaz ou le pétrole, parce qu'il est évident que rien ne nous oblige à les utiliser quotidiennement comme nous le faisons aujourd'hui.

Et maintenant que notre humilité nous permet de le reconnaître pleinement, il nous appartient désormais de trouver des solutions à ce désastre civilisationnel.

En m'impliquant massivement dans l'action humanitaire, je n'avais pas imaginé qu'il allait être naturel de m'engager également au service de la biodiversité ; en effet, j'étais persuadé plus jeune que l'état de notre écosystème ne faisait pas partie du problème et de la cause de la déstabilisation de notre monde, et à vrai dire, j'étais même certain que nous vivions sur une planète sure, paisible et durable. En vérité, je me trouvais si loin de la réalité du monde.

Dans les années à venir, le réchauffement climatique sera la cause principale du déplacement massif de nombreuses populations vulnérables et défavorisées, afin de fuir les sécheresses, les inondations et les séismes ; en ce sens, l'ONU indique que plus de 250 millions de réfugiés climatiques se trouveront dans l'obligation de quitter leur terre d'ici 2050, et d'émigrer contre leur gré dans la pauvreté et la misère.

Ce même réchauffement climatique, c'est celui qui menace la plus grande partie de la terre du Mozambique, où des millions de femmes et d'hommes sont quotidiennement menacés de famines et de maladies destructrices.

Les terres les plus arides du monde sont de plus en plus invivables pour les populations qui ne survivent que grâce à leur agriculture, et dont la menace du déclin de notre écosystème signifiera la fin de leur monde, et ainsi de leur propre vie.

Dans un futur proche, ces terres ne pourront plus offrir d'eau, de fruits et de légumes, elles seront inexploitables pour de pauvres gens qui n'auront pas d'autre solution que de se réfugier dans d'autres pays, déstabilisant alors, et ce involontairement, l'équilibre même des sociétés qui les accueilleront.

Ce nouveau monde qui s'ouvre à nous sera terrible, cela ne fait aucun doute, nous continuons dans nos sociétés occidentales à nier cette réalité si cruelle, et pourtant, il est évident que nous ne pourrons pas continuellement fermer les yeux sur ce fléau, et ce pour une raison très simple : nous serons les premiers à subir cette immigration massive de populations en raison des conditions climatiques.

En Afrique, de nombreuses régions se sont trouvées orphelines de leurs espaces forestiers, pillés par les multinationales et les sociétés cotées en bourse, de l'Amazonie à l'Afrique de l'Ouest, des centaines de millions d'arbres continuent sans cesse d'être arrachés à la nature pour satisfaire les besoins du capitalisme financier.

Ces arbres, ce sont l'équilibre écologique qui permet aux populations locales de continuer à vivre sereinement, à respirer, à boire et à manger quotidiennement ; en conséquence, les priver de leurs propres forêts, c'est les mettre à mort, à petit feu.

Depuis des décennies, les tribus amazoniennes tirent la sonnette d'alarme sur la situation de leur territoire, en guerre idéologique contre le pouvoir brésilien, elles ne cessent de mettre en garde les consciences collectives sur la destruction de cet écosystème qui s'opère à vue d'œil.

Si les nouvelles générations sont devenues plus sensibles à ce sujet et ont adopté de plus en plus de comportements écoresponsables, il va sans dire que la situation reste critique et qu'il nous appartient de lutter face à cette situation alarmante.

Lutter au service de la biodiversité, ce n'est pas seulement une question de sensibilisation ; il nous appartient aujourd'hui d'agir concrètement pour soulager le mal-être de notre planète, qui montre de jour en jour les signes d'une agonie imminente.

La population mondiale consomme chaque année plus que ce que notre terre peut produire, de fait, nous sommes en surconsommation perpétuelle, et cela, notre monde ne pourra le supporter davantage.

Les rudes saisons d'hiver n'existent plus, les canicules se multiplient et la sécheresse est continue, certaines espèces animales en souffrent et nous nous retrouvons au milieu de ce spectacle morbide, à faire comme si de rien n'était.

Cela ne peut plus être.

En 2019, j'ai entamé ce long chemin vers une conscience écologique plus responsable ; pour cela, je me suis lancé dans des activités de reboisement, en organisant la plantation de plusieurs milliers de plantes comestibles à travers l'Afrique.

J'ai ainsi découvert la spécificité du Moringa oleifeira, l'une des plus parfaites plantes du système agricole, totalement comestible et permettant de combattre la malnutrition et de guérir d'innombrables maladies.

Au même moment, dans cette lutte de terrain pour une agriculture plus saine, j'ai fait la connaissance de Franck, un Ghanéen de 31 ans qui, depuis sa plus tendre adolescence, n'a cessé de planter ses mains dans la terre de son pays, afin d'aider tout d'abord son oncle agriculteur, et aujourd'hui pour combattre d'une manière générale la déforestation de sa région et de son propre pays.

En seulement quelques années, Franck a fait planter des centaines de milliers de plantes et des dizaines de milliers d'arbres, il a reconstruit des espaces agricoles détruits par les besoins infinis du libéralisme économique et a ainsi réalisé son rêve le plus fou, celui de rendre sa terre plus verte qu'elle ne le fut.

Aujourd'hui, à l'heure de la surconsommation à outrance, Franck ne cesse de protéger les terres de son pays, il lutte pour éviter les constructions illégales sur des espaces protégés, ainsi, il est l'ange gardien de milliers de paysans et d'agriculteurs qui voient en lui un signe venu du Ciel, et moi qui l'ai rencontré, connu et aimé comme mon propre frère, je peux affirmer avec certitude que cet homme est un don divin, un être empli d'amour et de compassion qui a voué sa vie entière à défendre notre terre commune.

MÉDINA L'ALBANAISE, AU RYTHME DE LA PERSÉVÉRANCE

L'immense Samuel Johnson a écrit :

« Ce n'est pas la force, mais la persévérance qui fait les grandes œuvres. »

Au crépuscule de ma vie, au moment même où mon regard se tournera vers mon histoire, il ne fait aucun doute que j'aurai le souci du détail, avec l'espoir que ce moment soit grandiose, que je sois fier de ce que j'aurai accompli pour l'humanité, car ce jour-là, les faits ne mentiront pas, et l'œuvre de toute une vie sera la réponse ultime à la question qui envahit mon être depuis tant d'années :

Qu'ai-je apporté au monde ?

Je n'ai pas peur de dire que je redoute ce fameux jour, non pas par crainte de Dieu et de son châtiment, mais parce que c'est ce jour-là précisément que je saurai si j'ai vécu cette vie en accord avec mes principes, et si mon existence sur cette Terre aura été utile à l'humanité.

Depuis plusieurs années, je ne cesse d'être accompagné par cette obsession de bien faire et d'être utile au plus grand nombre, de l'Inde au Pakistan en passant par le Sénégal, le Maroc et le Venezuela, dans les quatre coins du monde, je lutte chaque jour de mon existence pour apporter une aide infime et un soutien sans faille à ceux qui en ont besoin ; pourtant, j'ai bien conscience que je ne changerai pas le monde à moi seul, mais à mon humble échelle et avec mes modestes moyens, je sais que j'aurai créé de l'émotion, des sourires et des larmes de joie, et rien que pour cela, je serai fier de la vie que fut la mienne.

Plongé dans une époque où tous les malheurs du monde se condensent autour d'une même force, celle du capitalisme financier et de sa démesure, nous sommes des milliards d'individus aspirés par l'argent et sa superficialité, nous continuons de gaspiller nos précieux jours à courir derrière l'illusion d'une reconnaissance, devenant ainsi sourds, muets et aveugles à la fois, nous nous sommes aliénés à l'infinie puissance d'un système de gouvernance mondialisé, devenu si fort et si étendu qu'il a conquis nos âmes, nos sociétés, nos espoirs et nos espérances.

Alors, le jour où j'ai mis un pied dans l'engagement humanitaire, j'ai aperçu une forme de délivrance intérieure, me détachant ainsi des chaînes de soumission à l'empire de l'argent, quitte à me faire des ennemis d'une part ou à y perdre des amis d'autre part, quoi qu'il en soit, ce jour-là, à l'âge de 25 ans, j'apercevais les profondeurs de l'amour véritable.

Et puis, ce sentiment soudain fit entrevoir en moi une forme de réflexion intellectuelle et philosophique sans précédent, vers laquelle j'ai schématisé d'une manière rationnelle ma nouvelle conception de la vie ; ainsi, les réussites de Bill Gates et de Steve Jobs ne m'intéressaient plus, car désormais, au fond de mon esprit, je ne cessais de penser au destin du père Henri Grouès et de Madeleine Cinquin, ils étaient dès lors devenus mes sources d'inspiration, mes modèles pour la vie.

Les années ont suivi et cette nouvelle approche philosophique tournée vers autrui m'a permis de m'engager à travers une action de terrain importante, construisant des ponts entre des mondes opposés, et en faisant de mon travail humanitaire la vocation d'une vie.

Ceux qui me connaissent vous diront à quel point je n'ai cessé d'être porté par cet idéal, en enchaînant les opérations d'aides aux populations vulnérables, d'hiver comme d'été, malade ou en bonne santé, triste ou heureux, quelle que soit la situation actuelle du monde, des beaux jours jusqu'en pleine pandémie de Coronavirus, je n'ai jamais cessé d'agir.

Cette persévérance m'a permis de solidifier l'homme que je suis aujourd'hui, elle a fait de moi un homme d'action, éloigné de toute forme de superficialité, loin de jouer au donneur de leçon ou au prosélyte du dimanche, je ne me suis concentré que sur ce qui fait mon être, soit un acteur humanitaire, rien de plus, rien de moins.

À l'image de la spiritualité, qui, comme l'activisme social, est une quête de sens, c'est dans la course de fond, dans la patience et la persévérance que l'on trouve le salut, et c'est au bout de ce long chemin que se dessine la qualité d'une œuvre, qu'elle soit faite au nom de Dieu ou au nom de l'humanisme.

Encore aujourd'hui, je ne cesse d'apporter mon aide aux jeunes associations dans la conception et la mise en pratique de leurs actions humanitaires, avec une idée en tête : leur permettre de perdurer dans le temps, que leurs actions ne soient pas uniquement ponctuelles, parce que j'ai l'intime conviction que l'engagement au service des autres doit être continu et sans arrêt, tout comme la prière et la foi en une divinité, il n'existe aucun repos possible.

Le chemin vers la persévérance est parsemé d'obstacles, au travers desquels se trouvent la confiance en soi, la recherche de l'amour et de la compassion envers les plus pauvres, sans cela, il me paraît impossible de comprendre pourquoi il est si important d'agir, et par-dessus tout, pourquoi il est impératif de ne jamais y mettre un terme.

L'abbé Pierre, sœur Emmanuelle ou Coluche, tous, à leur façon, ont aidé considérablement les plus vulnérables de notre société, ils n'ont ainsi jamais posé de genou à terre, êtres d'honneur et de principes, comme des soldats devant le fait accompli, ils n'ont pas baissé les yeux devant la pauvreté et la misère, face à la souffrance des hommes, et contre vents et marées, ils n'ont cessé d'être portés par un idéal de justice et de paix.

Encore aujourd'hui, il ne se passe pas un jour où je ne cesse de leur porter un amour infini.

Si je pouvais réaliser un seul souhait concernant l'accomplissement d'une destinée, il serait de ne jamais interrompre ma lutte contre l'injustice des hommes, d'apporter mon aide aux plus démunis jusqu'au dernier jour de mon existence, quelle que soit ma réussite sociale ou professionnelle, je ne souhaite ni être riche ni être reconnu, parce que la vie qui est mienne est avant tout celle des autres.

Jour après jour, semaine après semaine, mois après mois, année après année, je continuerai avec mes modestes moyens, accompagné de ces milliers de bénévoles avec qui je travaille depuis si longtemps, de contribuer à un monde meilleur, plus juste et plus équitable, et ce n'est qu'au dernier jour de ma vie que je serai fixé sur l'œuvre que j'aurai contribué, humblement et pas à pas, à édifier.

La persévérance, elle apparut sous son plus bel aspect lorsque je fis la connaissance de Médina, cette dame de 71 ans qui a vécu toute sa vie à Gramshi, en plein cœur de la belle Albanie.

Entre guerres et pauvreté, massacres et misère, Médina a vécu une vie tout droit sortie d'un roman d'Elif Shafak, elle a connu la désolation d'une femme seule devant l'inconnu et la tristesse de perdre des êtres chers, et moi qui ose dans mon arrogance la plus extrême imaginer que ma vie est parfois difficile, je ne peux que m'incliner et faire preuve d'humilité devant le parcours de cette grande dame qui a vécu toute sa vie dans les profondeurs des Balkans.

Médina, à l'âme si charmante, les cheveux grisonnants et les yeux bleu océan à la beauté divine, m'a considérablement fait mûrir au cours de ces dernières années, et de cette façon-là, fit de moi un homme attaché aux valeurs les plus élémentaires de l'humanisme authentique.

Certains disent qu'elle a voué toute son existence à aider les autres, et il est vrai que de mes yeux, j'ai vu comment elle a soutenu les personnes les plus vulnérables qui soient, car depuis plus de 50 ans, il n'y a pas un jour où des femmes et des enfants n'ont pas connu la main tendue de Médina, que ce soit à travers de l'aide alimentaire ou de la collecte de vêtements décents, tout cela au service des populations les plus vulnérables.

Plus de 50 ans de lutte, de droiture, d'amour, d'empathie, de patience, mais aussi de solitude.

Plus de 50 années passées à changer le monde, parce qu'il ne fait aucun doute que Médina est mon modèle, et pour cela, je l'aime à en mourir et je prie chaque jour pour suivre le chemin qui fut le sien, celui de construire une œuvre humanitaire conséquente, et de ne cesser, quoi qu'il en coûte, de persévérer.

BIYAZ D'ASHDOD, AU CŒUR DU RASSEMBLEMENT DES ÊTRES

Le plus philosophe des chefs d'État, M. Václav Havel, a écrit : « Le rassemblement des citoyens dans des organisations, mouvements, associations, syndicats est une condition nécessaire au fonctionnement de toute société civilisée bien structurée. »

L'époque est brutale, parce que sans même sortir de nos propres maisons, nous ressentons tous l'hostilité qui règne dans chaque ville et chaque village de nos territoires.

Parce que la pauvreté et les inégalités se creusent jour après jour, alors il est logique que l'injustice sociale crée des vocations criminelles, de la violence et des inimitiés entre les citoyens.

Devant la peur, l'agressivité et la haine, les communautés se replient sur elles-mêmes, et en plein cœur de Paris, la Ville lumière, je vois quotidiennement à quel point ses habitants se sont assombris à petit feu.

La religion, l'ethnie, l'origine sociale et l'opinion politique, autant de thématiques qui ont divisé des femmes et des hommes de paix, les rendant méfiants les uns vis-à-vis des autres, faisant ainsi éclater le cycle de cet amour universel que nos ancêtres s'étaient efforcés à construire.

Encore une fois, je vois ces êtres qui se sont assombris dans les profondeurs du communautarisme et du fanatisme religieux, quant à la haine de l'autre, elle s'est dessinée au profit de la compassion et de l'amour véritable.

Parce que l'identité, qu'elle soit religieuse ou ethnique, a créé des barrières et a éloigné tant d'honnêtes gens d'un humanisme véritable.

Ce nouveau monde qui s'ouvre à nous de jour en jour, je ne l'accepte pas, j'ajouterais s'il le faut que j'en suis un véritable opposant, parce que s'il fallait que je consacre ma vie entière à lutter contre cette maladie, je le ferais sans l'ombre d'une hésitation, avec force et détermination, évidemment.

C'est cette même crise du vivre-ensemble qui a séparé des peuples à travers le monde, opposant ainsi des générations entières pour des futilités et des conflits sans légitimité aucune.

Au fil du temps, de l'expérience et d'une analyse approfondie, je crois que les juifs et les musulmans sont unis par l'origine, le sang et l'amour, et de par mon engagement humanitaire au plein cœur du Proche-Orient, j'en suis arrivé à l'intime conviction que leur défiance les uns vis-à-vis des autres n'a aucun fondement.

Ils ont de tout temps été des frères de lutte et des compagnons de route, du Bagdad du 9e siècle jusqu'à la fameuse époque d'Al Andalous, passant par l'Algérie berbère et les plus belles années de la grande Perse, ils n'ont cessé de s'aimer et de s'entraider dans les bonheurs et les souffrances, main dans la main, comme un seul peuple réuni.

Les Turcs et les Arméniens, à leur tour, se sont construit un mur idéologique, fissurant peu à peu un lien historique qui les lient, quelles que soient leur langue, leur culture ou leur religion, je suis persuadé qu'ils sont sœurs et frères, amis et amants, et que seul l'amour pourrait écrire une suite heureuse à leur histoire commune.

Dans la région des Balkans en plein cœur de Sarajevo, mes amis bosniaques portent encore en eux le massacre de Srebrenica, le dernier génocide d'Europe.

Chrétiens et musulmans, de la Serbie à la Bosnie-Herzégovine, essaient tant bien que mal de recoller les morceaux d'une histoire détruite par la sombre face de l'humanité, mais pour leur avenir et celui de leurs enfants, il ne fait plus aucun doute que ces deux religions devront cohabiter en paix, coûte que coûte.

Les conflits de peuples, d'ethnies et de religions sont nombreux de par le monde, j'aurais pu en citer bien d'autres, et bien plus meurtriers encore, plus inhumains qu'on ne puisse l'imaginer, mais je souhaitais à travers ces quelques lignes indiquer pourquoi ces guerres n'ont aucune légitimité, aucune logique et, par-dessus tout, aucun intérêt pour l'avenir des peuples.

Dans un précédent ouvrage, je précisais que je ne prends jamais part idéologiquement lors des conflits armés, car entre la haine et la haine, je ne m'autorise pas à faire un choix ; ainsi, n'étant partie prenante d'aucune force et d'aucune domination humaine, je reste indéfiniment un pacifique convaincu qui continue, sans cesse, à penser que seul l'amour sauvera le monde.

Et à l'image d'Albert Camus, j'estime également que les crimes ne s'équilibrent pas, mais s'additionnent.

Par ailleurs, à travers le soufisme et son enseignement ésotérique, mais aussi en m'inspirant du parcours d'hommes de paix tels que l'abbé Pierre, le Mahatmat Gandhi, Stéphane Hessel ou

Rumi, je ne peux m'empêcher de croire que la paix et le pacifisme sont indissociables.

Peu importent les francs-maçons, les illuminati, les théories du complot et le nouvel ordre mondial, il fut un temps où les rapports de forces m'intéressaient, mais aujourd'hui, à travers l'action humanitaire de terrain et de par l'urgence que nécessitent les besoins humains, j'ai pris conscience que la seule et unique façon d'impacter le monde comme il se doit serait en l'inondant d'un amour sincère, mais aussi en transmettant de notre compassion et de notre charité aux plus défavorisés.

Je veux devenir un homme de paix, que l'on se souvienne de moi comme d'un être qui a rassemblé, et pour cela, il me paraît impératif de m'éloigner de toute forme de rivalité et de conflits armés ; en conséquence, je souhaite continuer à rapprocher les peuples, quelles que soient leurs différences et la nature de leurs inimitiés, parce que le cœur et l'amour face à la haine et les ténèbres, c'est celle-ci la véritable lutte d'un être sensé.

Nous vivons une époque sombre où les inégalités se sont profondément creusées, et ce préjudice qui sévit partout à travers le monde a rendu les cœurs aigris, créant de la colère chez de pauvres gens, de la haine chez des femmes et des hommes qui ne rêvaient initialement que d'un monde en paix, car dans les crimes que certains ont commis au nom de la religion, et qui plus est de ma propre religion, ces jeunes désespérés qui ont choisi le camp du mal et du détournement du concept de la guerre sainte, je ne peux m'empêcher de croire qu'il y avait en eux une part d'insouciance, et même une part de bon.

Je crois que les plus grands criminels de notre humanité auraient pu, à un moment donné de leur histoire, choisir le chemin du bien, que rien n'était déterminé par avance et que le destin de notre monde aurait même pu connaître de meilleurs dénouements.

Rien que pour cela, je reste un éternel opposant à la peine de mort, car j'estime que dans les pires crimes qui puissent être commis, un être humain, quel qu'il soit, a le droit à l'absolution.

À Gaza, au cœur de la misère de Khan Yunès, j'ai dépensé auprès de mes équipes une énergie importante pour apporter un peu de décence à des milliers de familles submergées par l'extrême pauvreté.

Et de l'autre côté de la frontière, en territoire israélien, j'ai un ami que je considère être un homme de paix, un être qui change son monde jour après jour et qui construit des ponts impossibles à imaginer.

Biyaz a 48 ans, il a connu durant toute sa vie la guerre, la haine et la violence, parce qu'il est né au cœur de la terre la plus disputée du monde, il aurait bien pu basculer dans la logique du rapport de forces et y choisir le camp des plus forts, dès lors, il aurait pu vivre une vie paisible au bord des plus belles plages d'Ashdod.

Mais ce qui fait la grandeur de Biyaz, et son incroyable spécificité, c'est son souci de la réconciliation, au-delà de la question qui serait celle de savoir qui est bon et qui est mauvais.

Il a fait le choix du rapprochement des peuples à travers le dialogue, la compréhension et l'action humanitaire directe.

Au sein de son collectif, il a rassemblé des centaines d'Israéliens et de Palestiniens, de juifs et de musulmans, d'athées et de chrétiens, de riches et de pauvres, tout cela pour réunir autour d'une même table des êtres d'horizons différents et de convictions diverses, et tout cela, encore une fois, afin de changer le monde.

Biyaz n'a cessé d'être un homme de paix, combattant à chaque lever du soleil la pauvreté qui sévit dans la région, plaçant l'humanisme authentique au cœur de ses préoccupations, et devenant ainsi, aux yeux de tant de gens, et ce des deux côtés de la frontière, un symbole du rapprochement des peuples et du rassemblement des hommes.

SAMIA DE NOUAKCHOTT, DU HANDICAP À LA DIGNITÉ

L'auteur, compositeur et interprète français Grand Corps Malade a écrit :

« Les 5 sens des handicapés sont touchés, mais c'est un 6e qui les délivre ; bien au-delà de la volonté, plus fort que tout, sans restriction, ce 6e sens qui apparaît, c'est simplement l'envie de vivre. »

Nous sommes tous nés différents devant l'Histoire, certains sont venus au monde en étant riches et en bonne santé, d'autres encore ont connu la pauvreté, la maladie et le handicap.

Si la Déclaration des droits de l'homme et du citoyen est censée garantir la totale égalité des êtres humains devant la loi universelle, il ne fait aucun doute que si nous sommes différents en tout point, nous ne sommes certainement pas égaux, et ce de par notre condition sociale, notre couleur de peau, notre religion ou notre origine ethnique.

Et puis, au-delà de l'interminable lutte des classes et des différences saisissantes qui existent entre les riches et les pauvres, et qui ont par ailleurs construit mon combat pour la dignité humaine, il y a également la situation de toutes ces personnes en situation de handicap, leur ostracisation et leur mise à l'écart de la société.

En Afrique, dans la province de Mutare au Zimbabwe, j'ai constaté la pire des inhumanités possibles, où des femmes et des hommes de paix, à la fois pauvres et handicapés, sont totalement délaissés par les pouvoirs publics, livrés à leur propre sort, entre maladie, handicap et misère sociale, un cocktail explosif qui fait de ces pauvres âmes humaines les plus grands damnés de l'humanité, et ce à n'en pas douter.

Au Sénégal, au Mali, en Centrafrique, au Maroc, au Cameroun, en RD du Congo et à Madagascar, ils sont des millions à vivre dans la précarité la plus insolente, mis à l'écart pour ce qu'ils sont, humiliés pour ce qu'ils représentent, ils sont à la fois diminués et fatigués d'être oubliés par la société contemporaine, celle-là même qui se targue dans ses discours et ses diatribes d'être portée par l'évolution et la modernité.

Je crois que notre monde a en effet évolué, dans les domaines du matériel et de la technologie, nous avons atteint des sommités sans précédent, nous sommes capables d'aller au-delà des cieux, faire rouler des voitures à l'électricité et faire parler des robots, nous sommes les champions du consumérisme et du marketing publicitaire, et nous avons réussi à pousser la bonne conscience jusqu'à son paroxysme.

Et pourtant, au même moment et à l'aube de ce troisième millénaire, il est évident que nous n'en sommes qu'à l'état primitif des sciences du comportement et de la bonne conduite, de l'éthique et de la compassion pour autrui.

Et puis, dans certains points liés au comportement entre individus, il semble que nous n'ayons pas encore dépassé certaines espèces animales.

Ainsi, en cette époque si développée par le matérialisme et la technologie numérique, nous sommes capables d'accepter sans aucune mauvaise conscience que des millions d'êtres humains à travers la planète puissent être des citoyens de seconde zone, des êtres humains à la fois privés de dignité et oubliés de tous.

En Occident, le pouvoir législatif leur accorde un minimum de dignité, et s'ils ne cessent d'être ostracisés au cœur de la société civile, ils bénéficient d'un minimum de reconnaissance leur permettant de bénéficier de certaines aides et d'une assistance publique.

Et puis en Afrique, aux quatre coins du continent, ils sont des dizaines de millions à vivre dans les rues, malades et handicapés, physiques ou mentaux, ils sont pauvres, faibles et démunis, les États et leurs gouvernements ne leur accordent aucune subsistance, entre l'insouciance et le tabou collectif, l'indifférence semble être la stratégie choisie.

Dès lors, avant de connaître la mort pour leur libération définitive, ces millions de personnes en situation de handicap n'auront pas d'autre choix que de continuer à vivre dans d'atroces conditions et de connaître l'enfer sur terre.

En Afrique, l'Organisation des Nations unies (ONU) estime à 80 millions le nombre de personnes en situation de handicap.

Rien qu'au Zimbabwe, l'organisation PROGRESSIO estime à plus de 1,4 million le nombre de personnes handicapées pour une population de 14,4 millions d'habitants, ce qui signifie que 10 % de la population zimbabwéenne est touchée par le handicap, un chiffre terrifiant !

Aujourd'hui, j'ai le cœur soulevé devant cette immense désolation que j'ai constatée au fil des années, et face à cette vérité cachée, j'ai compris que le monde actuel est bien trop cruel pour que ces femmes et ces hommes de paix puissent vivre dignement.

Au-delà de ma lutte quotidienne dans l'action humanitaire directe, il me paraît naturel d'indiquer que mon combat est avant tout celui de la dignité humaine, et ce sous toutes ses formes, à travers un soutien aux personnes en situation de handicap dans les pays les plus pauvres.

Tantôt lépreux, tantôt paraplégiques, soufflés par la violence d'une forme d'explosion, parfois sans bras ou parfois sans jambes, ils n'ont ni chaises roulantes, ni appareils adaptés à leurs souffrances du quotidien, ils n'ont ni aides ni avantages et vivent chaque jour que Dieu fait comme une insupportable épreuve, avec bravoure et honneur, comme toujours.

Devant la tristesse de ces inégalités, j'ai avant tout été frappé par leur courage face à leurs souffrances du quotidien et leur sourire devant l'injustice qu'ils subissent, parce qu'ils ne sont ni fatalistes ni défaitistes, acceptant avec délicatesse le sort que le destin leur a réservé, aimant l'existence comme personne et apprenant à profiter des meilleurs moments qu'il leur soit donné de vivre.

Dans la tristesse et la désolation du handicap, je vis nombre de personnes y trouver la quintessence du bonheur universel, parce qu'il ne fait aucun doute que dans la plus profonde des difficultés, les êtres humains trouvent une forme d'authenticité et de simplicité que la société du capital ne peut leur offrir, et parce que dans le malheur, il y a nécessairement une part de bénédiction.

En conséquence, nous devons être capables de nous lever de manière radicale contre toute forme d'injustice qui touche un être humain, principalement en ce qui concerne les personnes en situation de handicap qui vivent perpétuellement avec cette désolation, celle qui mélange à la fois rejet et pitié, qui détruit toute forme d'égalité et qui inscrit en caractères gras sur le front de ces millions de femmes et d'hommes une sorte de prédisposition à l'avilissement et à la déchéance.

Je suis opposé à cette injustice des hommes, par la morale et l'éthique, mais surtout par l'action humanitaire concrète, où de Madagascar au Zimbabwe, aux côtés de bénévoles locaux, j'ai entrepris des démarches d'aides spécifiques à de nombreuses personnes en situation de handicap, que ce soit à travers une aide matérielle ou psychologique, et de ce fait, nous pouvons témoigner que nous avons indéniablement contribué à une plus grande dignité de nombreuses personnes diminuées, à la fois physiquement et mentalement.

En effet, le handicap est un sujet majeur vers lequel il nous appartient de nous tourner, car ces femmes et ces hommes qui souffrent quotidiennement font tous partie de notre propre famille universelle, ils sont à la fois nos sœurs et nos frères, nos mères et nos pères ; à vrai dire, ils sont la vie elle-même.

Cette fameuse recherche de la dignité, c'est en rencontrant Samia, un beau jour de printemps 2018, qu'elle m'a paru comme une évidence absolue.

Belle, jeune et si intelligente, diminuée par la maladie et les efforts à répétition qu'elle a mené contre l'injustice des hommes, elle a passé sa jeune vie à contribuer à une plus grande dignité des personnes en situation de handicap, et tout cela chez elle, à Nouakchott, au cœur de la majestueuse Mauritanie.

Elle-même paraplégique, ne quittant jamais son beau fauteuil qui lui apporte un minimum de confort, elle n'a cessé d'organiser des activités de loisirs avec ses concitoyens frappés par la difficulté et le handicap, mélangeant le sport, la mode et la cuisine pour apporter du réconfort à ces âmes emplies d'amour, appelant les femmes, les hommes, les plus vieux et les plus jeunes à se réunir pour oublier le temps d'un instant la difficulté extrême de vivre handicapé en Afrique, et de profiter, le temps d'un moment, du plaisir de vivre sans être jugé ni méprisé.

Samia est une princesse des temps modernes, elle n'a ni la robe blanche ni la bague en diamant, mais elle est grande et vertueuse, inspirante comme il n'est pas permis, parce que désormais, devant chaque jour qui se lève, au moment même où je prie pour que la journée qui s'ouvre à moi puisse me permettre d'être un homme meilleur, je ne cesse de penser à Samia dans chacune de mes invocations, avec l'infini espoir de lui ressembler un jour et, qui sait, d'atteindre enfin la hauteur de sa dignité.

MURIM,
HOMME OU BÊTE, MÊME COMBAT

La profonde intelligence d'Emmanuel Kant a écrit :

« La cruauté envers les animaux est la violation d'un devoir de l'homme envers lui-même. »

Mon engagement sur la voie du partage et de l'action humanitaire s'est déployé en plusieurs volets :

Tout d'abord, il y avait la volonté urgente de venir aide aux enfants, puis aux femmes isolées et aux personnes âgées, et dans cette longue file de priorités, s'inscrivait une plus large résolution de fournir un accompagnement à des groupes d'individus de plus en plus distincts, et dont j'avais jusque-là oublié l'existence.

Les personnes en situation de handicap, les exilés de guerre et les réfugiés climatiques, les personnels soignants dans les villages les plus reculés d'Afrique, les femmes illettrées du Bangladesh jusqu'aux orphelins d'Ouganda.

Puis, dans ce rapport de plus en plus intime et profond avec les êtres humains, j'ai entamé un processus d'analyse plus élargi de la situation humanitaire mondiale, et dans l'équation qui menait à résoudre les profondes inégalités de notre époque, il m'a paru logique d'y incorporer le défi écologique d'une part, et la cause animale d'autre part.

En d'autres termes, j'avais désormais schématisé mes chemins d'actions en trois axes parfaitement identifiables, différents, mais intimement liés. Ainsi, mon engagement s'inscrivait dans une triple démarche :

Les hommes, la Terre, les animaux.

La dimension écologique telle que je l'ai indiquée précédemment commençait à prendre de plus en plus d'espace dans mon esprit, lorsque je compris que le développement d'une agriculture biologique permettrait à des populations vulnérables de combattre la malnutrition et d'innombrables maladies.

Et devant le défi du réchauffement climatique, je prenais conscience que des centaines de millions d'individus seraient dans l'obligation d'émigrer dans les années qui viennent afin de continuer à vivre, ou plutôt à survivre.

Et puis, lorsque j'ai rattaché mon combat écologique à celui de l'aide humanitaire d'urgence auprès des populations, la cause animale a soudainement pris une importance grandissante dans mes idées et dans mes projets de développement durable, complétant ainsi ce fameux puzzle nécessaire à la survie du monde ; Les hommes, la terre, les animaux.

En Afrique, le rapport à la nature et aux animaux est totalement différent de celui que l'on trouve en Occident, où les Européens se sont affranchis de toute obligation et de toute empathie envers les différentes composantes de la planète Terre.

D'ailleurs, le développement sinistre du commerce de la viande industrielle en est un parfait exemple.

En France même, au pays de la liberté et de la juste conscience présumée, l'animal n'est qu'un ami ou un compagnon, au moment même où la surconsommation de viandes industrielles et la démocratisation de l'industrie agroalimentaire ont ôté à la condition animale toute forme de dignité.

Par ailleurs, la véritable cause animale, c'est en Afrique que je l'ai constatée pour la première fois.

C'est dans certains villages du Rwanda que j'ai vu à quel point les animaux avaient une part importante dans la vie de la cité, où leurs différences et leurs spécificités se couplaient de façon saine avec les populations, qu'elles soient riches ou pauvres, dans un rapport d'égal à égal, de dignité à dignité.

Pour la première fois de mon existence, j'ai entrevu dans la dimension animale une autre facette de son identité, au-delà même du prisme de la consommation que nous avions en Occident.

Ces êtres vulnérables, qui n'avaient jusque-là été à mes yeux que de purs produits de consommation au sein de la société qui m'a élevé, avaient désormais un autre visage et une tout autre allure, et dans ces pauvres villages souvent traversés pas les difficultés économiques et les famines à répétition, je constatais avec stupéfaction des populations locales échangeaient avec ces êtres sans défense une forme de respect réciproque, de compassion et d'amour véritable.

À l'image des êtres humains, des arbres, des plantes, de la terre ou des montagnes, les animaux, dans toute leur diversité, faisaient intégralement partie de l'équilibre d'un monde qui tourne sainement ; ainsi, leur sécurité, leur bien-être et notre respect à leur égard me paraissait naturel et essentiel à la survie même de notre civilisation.

Sans faire preuve d'une quelconque forme d'angélisme, j'ai vu dans la cause animale une dimension authentique et véritable, où la recherche de la préservation d'un patrimoine universel était en jeu, et que l'évolution d'une industrie agroalimentaire spécialisée dans la transformation des animaux d'élevage dédiée à l'alimentation humaine ne pouvait être une solution viable sur le long terme.

Il est évident que dans certaines régions d'Afrique, d'Amérique du Sud ou d'Asie, dans des villages du Cameroun, du Burkina Faso et du Togo, certains animaux font office de moyen de subsistance devant l'absence d'une agriculture saine, d'une alimentation régulière, et entre se nourrir ou mourir, il est bien naturel que les hommes choisissent de survivre.

L'urgence absolue précède parfois la conscience, et la faim, quant à elle, de tout temps, justifiera les moyens.

Moi-même, dans la région de Kousséri au Cameroun, lorsque les besoins alimentaires devenaient des urgences absolues, et face à la désolation de populations affaiblies par la malnutrition, j'ai dû me soumettre à accepter le sacrifice de plusieurs dizaines d'agneaux pour nourrir des centaines de familles en insécurité alimentaire.

Il ne fait aucun doute que je regrette la mise à mort d'un être, quelle que soit sa nature et quelle que soit la raison qui a poussé à cet acte ultime, mais je reste indéfiniment un réaliste qui se doit de prendre des décisions parfois brutales, parfois injustes contre l'équilibre du monde, parce que je me dois d'être au service de la préservation de la vie humaine, qui reste, à n'en pas douter, la plus prépondérante de mes priorités.

Toutefois, à une époque si développée, où nous sommes capables de nourrir la terre entière sans sacrifier aucune bête, il nous appartient de développer une nouvelle façon de nous nourrir dignement, plus facilement, en préservant à la fois notre nature, mais aussi l'espèce animale dans toute sa diversité.

Si la culture de nos sociétés continue de nous inciter à consommer de la viande industrielle, et ce pour assouvir les besoins d'une entreprise de consommation à outrance, il me paraît naturel d'affirmer que notre génération doit être celle du changement, de la prise de conscience que nous cohabitons avec les animaux et que leur droit et leur dignité sont une condition sine qua non pour la survie de notre planète.

Sur nos terres, comme dans nos océans, où la politique absurde de la pêche sauvage continue de s'exercer aux yeux de tous, nous continuons sans cesse de piller tantôt nos ressources écologiques, tantôt notre propre population animale.

L'évolution humaine dans toute sa complexité doit pouvoir évoluer de façon positive vers une volonté d'accorder une véritable dignité aux animaux, sans quoi nous ne pourrons pas, même dans notre arrogance la plus extrême, nous targuer d'être doués de raison et de modernité.

Et sans cela, encore une fois, nous ne pourrons pas nous revendiquer d'un humanisme profond.

J'ose croire que le 21e siècle, malgré l'influence considérable du néolibéralisme sur le quotidien des populations, sera celui de l'humanité, et ce contre toute forme de violence et de cannibalisme.

Au Rwanda, dans le parc national de Nyungwe, Murim vit en paix, il est entouré des siens et amoureux de tous les êtres qui l'entourent.

Chaque jour, il se lève pour protéger sa famille et la nourrir, toujours dans la paix et la non-violence, il est éloigné de toute forme de superficialité, attaché à la nature et à son authenticité, il est à la fois la beauté de la vie et le symbole d'un amour profond envers tout ce qui l'entoure.

Lorsque je le vois s'occuper des êtres sensibles à qui il a donné la vie, je ne peux m'empêcher de croire qu'il est aussi digne et sensible que l'abbé Pierre ou Gandhi, qu'il est un être de paix qui apporte douceur, compassion et sécurité pour toute une famille.

Murim ne me ressemble pas, il n'a ni mon âge ni mon origine, il ne parle pas ma langue non plus, nous sommes vraisemblablement différents dans tous les contours de notre apparence, mais j'ai cette impression que nous nous ressemblons à travers nos intentions, faisant presque partie de la même famille, et que nous ne souhaitons que vivre en paix, pacifiquement et intensément.

Murim est un être de sagesse, profondément pacifique, il est également un modèle à suivre, malgré nos différences, car il est beau, fort et sincèrement bon.

Et qu'on ne se trompe pas, Murim n'est pas un homme, il est un chimpanzé.

JONAS L'ANDALOU, LA SAGESSE COMME DIRECTION

L'écrivain et homme d'État romain Cicéron a écrit :
« La sagesse est l'art de vivre. »

Nous avons tous différentes raisons qui nous poussent à prendre le chemin du partage et de l'engagement solidaire, et si certains ont plongé dans l'action humanitaire suite à un deuil personnel, d'autres encore l'ont fait pour la religion ou par simple compassion envers les nécessiteux.

Personnellement, mon examen de conscience fut long, parfois sinueux et difficile, tout d'abord parce que j'ai dû me remettre en question en profondeur et accepter de procéder à mon autocritique, mais aussi parce qu'il était impératif de reconnaître mes erreurs passées, et devant le résultat sans appel qui m'indiquait que je n'étais qu'un homme, souvent bien plus faible que je ne l'imaginais, alors je pris l'initiative d'un nouveau chemin de vie dont je ne me suis plus jamais détourné, un horizon en adéquation avec mes principes et mes valeurs, sur la route qui mène à l'engagement solidaire, au partage des richesses et à l'égalité des êtres humains.

Dès l'aube de ma vie d'adulte, j'ai fait la connaissance du soufisme et de ses plus éminents penseurs, alors, à une époque particulièrement difficile de mon existence, le cœur de l'ésotérisme islamique frappait à ma porte pour me permettre de me fondre au cœur de cette initiation, à la fois si particulière et si profonde, et par ailleurs tant mystérieuse, où les adeptes que j'ai côtoyé au fil des années se sont détournés des plaisirs inutiles de ce monde, combattent leur égo quotidiennement et ont placé l'authenticité et la spiritualité au centre de leurs intérêts.

La vie du soufi est un chemin de lutte personnelle contre ses propres démons, ainsi, il combat la colère, la haine intérieure et les pensées morbides, il fait naître de l'amour continu et une infinie compassion envers les nécessiteux, et au fil du temps, ne se considère plus différent de celui dont la couleur de peau ou la religion sont autres que les siennes.

Le soufi est tolérant, il est amour et respect, et c'est au cœur de cette initiation de la spiritualité musulmane que j'ai entrepris mes premières démarches humanistes à destination du monde pauvre, parce qu'avant même de me lancer dans l'engagement social, il m'a fallu apprendre à chérir l'inconnu, les enfants, les femmes, les personnes âgées, les personnes en situation de handicap, les illettrés, les pauvres et les plus pauvres, les chrétiens, les juifs, les musulmans et les athées, enfin, je me suis mis à les aimer de sentiments sincères, profonds et véritables ; en conséquence, avant même de m'engager pour le reste de ma vie dans l'action humanitaire, je m'étais indirectement prédisposé à vivre une vie de partage et de compassion à destination des plus démunis.

À 20 ans, j'ai lu les premières lignes de l'homme qui changerait le cours de ma vie, le mystique Indien Hazrat Inayat Khan, le plus éminent des soufis qu'il m'ait été donné de lire et d'aimer.

Inayat Khan fut au cours de mon existence une révélation sans précédent, il m'a questionné au fin fond de mon être et a refermé des plaies profondes qui m'ont rendu jadis, malade, des blessures internes qui m'avaient éloigné de toute forme de sincérité, d'amour, de sensibilité et de partage.

La rencontre avec l'immense Inayat Khan fut le point d'ancrage d'une nouvelle conception de la vie, un long voyage au cours duquel j'allais mélanger patience et persévérance, force et détermination, un chemin de traverse qui naturellement serait difficile, mais qui m'éloignerait alors d'une vie monétaire, de superficialité et d'égocentrisme.

Pour la première fois de mon existence, j'allais enfin me comprendre, me connaître et me maîtriser, relativisant de façon conséquente les blessures et les échecs passés ; dès lors, je découvrais dans toute sa délicatesse ce que signifie la sagesse véritable, ou, en d'autres termes, la connaissance de soi.

Ce travail d'introspection intérieure ne fut pas de tout repos, en vérité, il fut particulièrement éprouvant, car au fil du temps, à me détacher de l'argent et du carriérisme, je me suis éloigné d'un grand nombre d'amis et de connaissances ; quant à mon cercle de proches, il va sans dire qu'il s'est considérablement restreint.

C'est ainsi que je compris très jeune ce que signifiait le sens du sacrifice.

Le maître Inayat Khan ne fut pas le seul à m'inspirer. En effet, au fil du temps, j'ai continué à enchaîner des chapitres entiers traitant à la fois d'amour et de sagesse, inspiré par les plus grands soufis d'hier et d'aujourd'hui, tantôt bercé par la poésie de Rumi, le plus profond poète de tous les temps, en plongeant dans chacune des lignes d'Abu Hamid Al Ghazali, surnommé la « preuve de l'islam », puis enfin en lisant l'éternel Ibn Arabi et me baignant dans chacune des lignes qu'a écrites le grand Idries Shah.

Ma rencontre avec le soufisme fut à la fois intense et exceptionnelle, et aussi loin que je me souvienne, je n'ai jamais ressenti une telle paix intérieure.

C'est dans la plénitude de l'âme et dans la confiance en soi que j'ai clairement identifié mes défauts les plus importants, et à travers lesquelles je saurais édifier de nouveaux projets de vie, vers de nouveaux horizons et une réconciliation durable avec le monde qui m'entoure.

Je crois en la force des sentiments, de la croyance et de la spiritualité, parce que la foi précède l'action, naturellement.

En ce 21e siècle traversé par le consumérisme le plus manifeste et l'égocentrisme le plus inhumain qui soit, j'ai atteint la certitude qu'il est nécessaire d'apprendre à aimer et à comprendre la douleur des autres afin de s'engager durablement dans le partage et l'action humanitaire, sans quoi nous ne saurons jamais pourquoi il est si important d'agir, et sans quoi, encore une fois, nous ne saurons jamais pourquoi l'amour avec un grand « A » est le réel socle de notre civilisation.

Désormais, je veux être sage et amoureux, afin que mes jeunes enfants au jour de mon enterrement puissent se souvenir de moi comme celui qui a tendu la main aux plus nécessiteux, rien que par amour et compassion, et par-dessus tout, sans rien attendre en retour.

Un jour, j'ai fait la rencontre d'un soufi qui a changé le regard que je portais sur le monde. Il faisait chaud en ce jour d'été, je m'en souviens comme si c'était hier, en plein cœur de Séville et de la belle Andalousie, je fis la rencontre de Jonas, qui venait à peine de fêter son 60e anniversaire.

Il était cafetier, souriant et attentionné envers ses semblables, respecté pour sa droiture et apprécié pour sa gentillesse, tout le monde le connaissait dans le quartier.

Je ne savais pas encore que nous partagions les mêmes centres d'intérêt, c'est ainsi que commencèrent nos premiers échanges et nos premiers sourires, avec le soufisme en ligne de mire et comme élément déclencheur d'une formidable amitié, jusque-là jamais interrompue.

Jonas me parlait alors de la grande époque « d'Al Andalous » dont il est le digne héritier, il évoquait le grand Ibn Rushd, plus connu sous le nom d'Averroès, le père de la patrie, de la tolérance et de la laïcité contemporaine.

Et puis ses yeux s'emplissaient d'amour et de douceur en racontant l'histoire du grand maître Ahmad Ibn 'Ata Allah, comme s'il était son propre père.

Jonas est un Européen de souche, musulman et soufi, supporter du club de football du Betis Séville, il aime le violon et la littérature, passionné par la cuisine française et fasciné depuis son plus jeune âge par le septième art italien.

Il ne veut pas entendre parler du choc des civilisations, et encore moins de Samuel Huntington, parce que Jonas est un homme de raison, d'amour et de fraternité, il n'a que faire du prisme de la haine, du racisme et des rapports de forces, car durant toute sa vie, il n'a cessé de lutter contre ses propres démons dans le but d'y trouver une forme d'authenticité, un combat intérieur qui lui a permis de se connaître et de se comprendre.

Au-delà de son activité de cafetier, il distribue des denrées alimentaires aux réfugiés africains qui arrivent en Espagne dans les eaux tumultueuses de la Méditerranée, et depuis presque 20 ans, il n'a cessé d'aider et de tendre la main à ces pauvres gens dont la vie n'est que malheur et souffrance, peu importe la raison de leur présence sur sa terre natale, lui ne souhaite qu'aider, écouter, comprendre et aimer.

Je lui dédicace cet ouvrage, parce que Jonas m'a appris plus à lui seul que ce que la vie elle-même n'a su le faire, j'ai alors avalé ses histoires et ses enseignements, frappé par son intelligence et son rapport au concept de tolérance, il m'a réconcilié avec l'homme blanc et la culture européenne, et m'a donné envie d'aimer la terre entière.

J'espère qu'un jour, je saurai aimer autant que Jonas aime l'humanité, et peut être même, avec l'aide de Dieu, serai-je comme lui le fut durant toute son existence : un être de sagesse.

SANA LA BRITANNIQUE, À LA CONQUÊTE DE L'ÉGALITÉ

L'ancien président français François Mitterand a dit : « L'égalité n'est jamais acquise ; c'est toujours un combat. »

De toutes les raisons qui m'ont poussé à plonger tête la première dans l'action humanitaire d'urgence, la lutte contre les inégalités fut de loin la plus importante de toutes.

Je suis un enfant d'Algérie, né en plein cœur de la province française, baignant entre les cultures occidentales, arabes et berbères, digne héritier d'une double tradition, d'Albert Camus à Victor Hugo, en passant par Kateb Yacine et Abdelhamid Ibn Badis, je n'ai cessé de faire des va-et-vient entre les deux rives de la Méditerranée pour y trouver des réponses à mes questions les plus existentielles.

Très jeune, je compris que je n'étais pas un Franco-Algérien, mais un Algérien tout court, vivant en France et élevé par l'Occident, mais avant tout, de culture, d'histoire et de sacrifices nés de la lutte anticoloniale de mes ancêtres.

Dès l'âge où je pus comprendre la différence entre le bien et le mal, je me suis intéressé à mon histoire familiale, à celle de mon peuple et à son combat gigantesque pour son droit à sa vie et à sa liberté.

Enfant héritier d'une guerre qui n'a jamais dit son nom, d'un peuple ostracisé et massacré pour le simple fait d'être ce qu'il est, différent par la couleur de la peau, par l'origine et la culture, par la tradition et la religion.

Mon peuple est à la fois arabe et berbère, il mélange arabité et amazighité au milieu duquel la langue française, de par l'Histoire, fait également partie de notre patrimoine commun.

Dès lors héritier des inégalités profondes qu'ont vécues mes ancêtres, volés et tués pour n'avoir demandé que le droit à l'égalité des êtres devant la loi, emprisonnés pour avoir pris la parole et mis à l'écart de la République pour ne pas avoir été assez français, de fait, dès la naissance.

Cette lutte à mort que fut celle de ces femmes et ces hommes de paix, je ne cesse de la vivre intérieurement, à la fois inhérente à mon existence et inséparable de mon histoire.

À l'école, mes amis apprirent que leurs héros s'appelaient Jean Moulin et le Général de Gaulle, je l'acceptais sans l'accepter, car cette histoire n'était pas la mienne et j'en étais déjà convaincu, parce qu'en voyageant en Algérie, j'avais appris que les figures de mon histoire à moi s'appelaient Ali La Pointe, Hassiba Ben Bouali, Djamila Bouhired, Zohra Drif, Yacef Omar, Yacef Saadi, Djamila Bouazza, Brahim Haggiag, l'Émir Abdelkader, Messali Hadj et bien évidement l'immortel Larbi Ben M'hidi.

Je n'ai jamais eu besoin d'être sensibilisé à la question des inégalités, car c'est au fond de mon patrimoine génétique et de mon histoire familiale que j'ai rapidement compris que l'une des faces les plus sombres de l'humanité était son penchant pour les inégalités sociales, ethniques, culturelles et religieuses.

Ces mêmes inégalités, je les ai par ailleurs retrouvées sur tous les continents du monde, et ce sous différentes formes, puis, comme ce fut le cas pour mes ancêtres, je ne pus accepter ces injustices.

Ainsi, j'estime que tous ceux qui sont socialement défavorisés n'ont pas le droit d'être plus pauvres qu'ils ne le sont déjà, au moment où les plus privilégiés, quant à eux, ne cessent de s'enrichir.

La fracture sociale est immense, aussi bien dans les pays du Nord que dans les pays du Sud, et ce n'est pas uniquement en dénonçant ce crime contre l'humanité que nous contribuerons réellement à le combattre.

C'est donc avec mes modestes moyens que j'ai entrepris ce long cheminement qui mène à une meilleure justice sociale à travers un engagement humanitaire de terrain et un partage des richesses à travers le monde ; j'ai bien conscience que je n'ai pas assez d'influence pour rétablir la justice sur tous les continents, mais j'ai tout de même l'intime conviction que tous ensemble, main dans la main telle une belle et grande famille, nous sommes capables de réduire considérablement les inégalités des sociétés modernes.

La justice des hommes ne doit pas être celle des réseaux sociaux ou des prétoires du dimanche, elle doit pouvoir se dessiner à travers un véritable travail de terrain, à la fois concret et palpable autour duquel nous pouvons changer immédiatement l'avenir de femmes et d'hommes qui, chaque jour, vivent dans d'immenses souffrances.

J'ai le cœur peiné par les inégalités structurelles de nos sociétés, inconcevables à accepter de fait, et si je conçois qu'il puisse y avoir des riches et des pauvres en ce monde, et que la souffrance, comme le disait Victor Hugo jadis, est une loi divine, je pense à l'inverse que la pauvreté et la misère doivent nous permettre de lever la tête, nous offrir un nouvel horizon de pensée et de rétablir une certaine forme de dignité au sein des rapports sociaux.

Nous sommes des êtres humains, et ce qui fait notre particularité, en premier lieu, c'est bien évidemment notre conscience, notre réflexion et notre discernement entre le bien et le mal, parce que depuis notre plus tendre enfance, nous avons appris ce qui est juste et ce qui ne l'est pas, alors, de fait, nous sommes prédisposés à combattre l'injustice et à veiller sur le bien-être de notre civilisation, par respect pour les générations qui suivront, pour nos enfants et leurs enfants et, par conséquent, pour le propre sang qui coule dans nos veines.

Aujourd'hui, cette lutte radicale que je mène contre les inégalités n'est certainement pas la même que celle de mes ancêtres, elle n'est pas faite au nom d'une nation et d'un drapeau, je n'utilise ni les armes ni l'autodéfense, et je ne répands pas de sang non plus, car à l'image du pasteur Martin Luther King, je suis un adepte de la non-violence.

Le combat du 21e siècle ne prend pas d'épée, il est une lutte de partage et de compassion, parce que l'ennemi d'aujourd'hui n'est plus physiquement identifiable, puisque de nos jours, celui qui répand la désolation, la pauvreté et la maladie, c'est évidemment le capitalisme financier.

Nous ne serons jamais des révolutionnaires contemporains aussi longtemps que nous serons captivés par la société de consommation à outrance, et nous ne serons certainement pas les héros de demain si nous ne cessons pas, de suite, de plonger tête la première dans les profondeurs du consumérisme moderne.

L'argent, le matériel, le transhumanisme, l'appât du gain, ainsi que la course interminable aux richesses financières, autant de thématiques qui noient nos peuples, aussi bien au nord qu'au sud de la planète, tant de dimensions qui creusent encore un peu plus les profondes inégalités du monde.

Désormais, je n'ai pas d'autre option que de consacrer ma vie à l'action humanitaire, je n'attends pas d'être compris dans ma lutte, ni d'être rejoint par qui que ce soit, d'ailleurs, car si j'aimerais convertir toutes les âmes du monde vers le partage des richesses et dans l'engagement solidaire, j'ai conscience qu'il y a dans la lutte des plus faibles une forme de solitude, je vis cela depuis tant d'années désormais, parfois incompris pour avoir choisi un chemin à contre-courant de la société moderne, et pourtant, j'accepte ma différence aux côtés de mes compagnons de route, entre force et détermination, j'ai le sentiment que nous n'avons jamais été aussi conscients de toute notre existence.

À travers les aides apportées aux populations dans le besoin, nous luttons pour une plus grande égalité, parce que nous sommes des êtres humains au service d'êtres humains, peu importent nos différences, et si notre ennemi est riche et cruel, nous continuerons d'accepter l'idée que la modestie est essentielle à notre épanouissement ; ainsi, nous faisons des pas de géant chaque jour vers une meilleure égalité des rapports sociaux, de par notre action, notre écoute, nos sourires, et par-dessus tout, l'amour que nous avons à donner au monde pauvre.

Durant le temps où je vivais en Angleterre, j'ai fait la connaissance de Sana, enfant du royaume britannique et d'origine pakistanaise, baignant entre deux cultures et deux traditions, infiniment intelligente et ouverte sur le monde, et de l'Orient à l'Occident, elle est à elle seule le pont qui sépare deux univers distincts.

Sana est étudiante à l'université de Newcastle Upon Tyne, au nord de l'Angleterre, ses amis sont de toutes confessions et de toutes origines ; quant à elle, elle se dit citoyenne du monde avant tout.

Quand elle ne révise pas ses cours, Sana, entourée de ses meilleurs amis, gravit le froid et la pluie pour apporter un peu de réconfort aux populations les plus démunies de sa ville et de ses environs.

Tantôt en distribuant des aides alimentaires, tantôt en offrant des vêtements et des couvertures pour passer l'hiver, elle ne cesse d'utiliser de son précieux temps pour offrir son amour et sa fraternité à toutes ces âmes pour qui la vie est à la fois si difficile et injuste.

Lorsque j'ai rencontré Sana, elle m'a immédiatement expliqué les raisons de son engagement, et pourquoi elle continuerait, jusqu'à son dernier jour, d'apporter son aide aux individus les plus fragiles qui soient.

Sana est une étoile dans les profondeurs du consumérisme contemporain, elle ravive l'espoir d'un monde meilleur qui se lève à l'aube, elle est éternellement optimiste, et désormais, je peux affirmer que j'ai tant appris à travers elle, comme mes ancêtres furent à une autre époque et dans un tout autre contexte, Sana utilise ses propres armes et sa propre ligne de conduite dans le but de conquérir l'égalité des êtres.

MASSINISSA LE BERBÈRE, À LA LUMIÈRE DE L'AUTHENTICITÉ

Le dramaturge français Henry de Montherlant a écrit :
« À notre époque, le seul luxe est l'authenticité. »

Noyés dans les grandes profondeurs du capitalisme financier et de son entreprise criminelle, nous sommes comme étouffés dans une spirale sans fin où notre qualité d'être de conscience nous a été usurpée, parce que désormais, il est évident que nous ne sommes ni libres ni égaux en droits.

Chaque jour, nous sommes assujettis à la puissance du marketing publicitaire et à l'industrie de l'offre et de la demande, ainsi, sans même nous en rendre compte, nous avons troqué notre rôle de femmes et d'hommes autonomes pour ne devenir que de simples sujets de consommation dans l'immensité d'un système de domination économique.

Notre liberté, nous l'avons échangée pour un surplus de confort, et pour l'argent et la propriété, nous nous sommes soumis aux élites qui nous gouvernent.

Nos ancêtres, fut un temps, avaient donné leur vie et fait verser le sang pour devenir libres, mais aujourd'hui, nous ne sommes plus capables de sacrifier ne serait-ce qu'un petit bout de pain au service d'une juste cause.

Notre civilisation est rongée de l'intérieur, parce que nous avons tous, individuellement et collectivement, failli à nos devoirs et à nos principes que nous chérissons pourtant intérieurement ; dès lors, nous ne sommes que des corps qui naviguent sans quête de sens, quant à nos âmes, vendues à l'hyper-matérialisme, elles ont été dépouillées de toute forme d'éthique, de valeurs et des principes fondateurs.

La déstabilisation du monde pauvre est évidemment issue du libéralisme économique, du pouvoir bancaire international et de la spéculation des matières premières telles que le riz et le blé au cœur des marchés boursiers, et issue des criminels en cols blancs qui s'attablent aux grands restaurants de Londres, Paris, New York ou Hong Kong, et qui ne cessent de piller les ressources communes jour après jour.

Cependant, si tout cela a été possible, et si tous ces gens, si cruels soient-ils, ont pu réduire à l'état d'esclave de la consommation une grande partie de la civilisation humaine, c'est avant tout parce que nous n'avons pas été capables d'être dignes, forts et impassibles face à la tentation.

Cette autocritique, c'est la nôtre, mais c'est aussi la mienne, car à mon échelle, je fus aussi de ceux qui ont dépensé de leur temps et de leur argent pour servir une industrie financière criminelle, celle-là même qui m'a noyé dans ses sombres profondeurs, à ne vouloir qu'accumuler des richesses, disposer de biens et de moyens et grimper en haut de l'échelle sociale ; je ne le savais pas encore, mais à cette époque de ma vie, j'avais vendu mon âme au diable.

Je ne savais rien du partage, de la compassion et de l'amour véritable, peu importent les souffrances des Africains et des Sud-Américains, quelle que soit la douleur des Palestiniens, des Syriens, des Ougandais ou des Rwandais, j'avais troqué mon honneur pour ne bénéficier en retour que d'une superficielle impression d'avoir réussi ma vie.

En vérité, il n'en était rien, et aujourd'hui, je le regrette tant.

Néanmoins, cette époque révolue fut d'un enseignement précieux au cours de mon existence, car c'est dans la misère intellectuelle et dans mon errance spirituelle que je me suis relevé et que j'ai entamé ce long processus d'introspection intérieure, où je me suis mis en cause et me suis accusé du pire des crimes, celui d'avoir délaissé la compassion et le partage pour vivre de l'égocentrisme et d'un individualisme exacerbé.

Sur le banc des accusés, au fin fond de mon esprit, ma culpabilité fut le point d'ancrage de mon absolution, parce que désormais, à l'âge de 25 ans, je savais ce que je voulais être pour le reste de mon existence, en soi, un homme de partage.

Ainsi commencèrent les actions humanitaires et l'analyse de mes propres erreurs pour en sortir un homme plus responsable, et au cœur de ce monde virtuel porté par le matérialisme, j'ai décidé de m'intéresser à l'humanisme authentique et à la nature, et dans la recherche d'une vérité profonde, je me suis délesté de mes anciennes passions et de tout ce qui m'avait jadis noyé dans une existence superficielle.

L'abbé Pierre m'a permis d'être porté par un objectif de vie, celui de venir en aide au plus grand nombre de personnes démunies à travers la planète, quoi que cela coûte et quelles que soient les répercussions sur ma vie sociale, car mes ambitions professionnelles avaient désormais laissé place à une vie au service des autres.

De ce fait, je crois qu'il y a dans la recherche de l'authenticité quelque chose de divin, une forme immatérielle qui n'est pas de ce monde ; par ailleurs, je suis convaincu que la pureté est profondément spirituelle, et moi qui suis attiré par la foi et les principes du vivre-ensemble, je n'ai pu m'empêcher d'imaginer que cette démarche intérieure serait celle qui me permettrait, d'une manière générale, d'être un meilleur croyant.

Comment peut-on véritablement consacrer sa vie au partage des richesses et à l'action humanitaire sans avoir préalablement mis à l'écart de son propre quotidien des passions inutiles ?

Il est évident que le matérialisme est l'ennemi du genre humain, il crée des guerres et des dissensions, fait croître de la haine et de la jalousie dans le cœur des individus et fait de nous des êtres aliénés à la consommation.

Combien de notre revenu donnons-nous chaque mois aux plus démunis ?

Combien de notre temps et de notre énergie avons-nous dépensés cette année pour venir en aide aux personnes les plus en difficulté ?

Combien de sourires avons-nous partagés ?

Combien de larmes avons-nous fait couler pour la désolation du monde pauvre ?

Il est évident que nous sommes infidèles à nos principes, parce que nous ne sommes que des êtres humains, faibles et limités ; pourtant, il ne fait aucun doute que nous détenons également le libre arbitre et que nous sommes tous capables de résister, non pas à l'envahisseur d'hier, mais au colonisateur de conscience d'aujourd'hui.

J'ai foi en l'humanité et en son incroyable pouvoir de se défaire du mal pour y instaurer le bien ; par ailleurs, nous sommes les garants de notre civilisation et chacun de nous, à notre échelle respective, a le devoir de rendre le monde meilleur.

Il est certain que nul d'entre nous n'emportera dans sa tombe son propre argent, son pouvoir ou sa réputation, de fait, nous ne sommes pas éternels, car destinés à rejoindre la terre qui nous a fait naître, et en vérité, j'estime que nous ne sommes pas dans ce monde pour parfaire nos plaisirs, mais uniquement pour nous connaître mutuellement, nous comprendre et nous entraider.

Et si nous sommes les producteurs du bien, alors nous sommes naturellement des êtres de partage, d'amour et de compassion, ainsi, c'est dans ce sens que nous sommes venus au monde, et c'est également dans cet esprit que nous connaîtrons la mort.

Dans les montagnes du Djurdjura, en Kabylie, je connus Massinissa, un berger berbère de 56 ans aux doigts abîmés par l'agriculture qui l'a fasciné durant toute sa vie.

À l'image d'un Pierre Rabhi, Massinissa est un amoureux de la nature et de sa propre terre, il a donné de son temps, de son corps et de son âme pour faire naître et faire mourir ses plantes, ses fruits et ses légumes, et n'a cessé d'être connecté à l'esprit divin de la vie.

Et quand il ne s'occupe pas de ses pâturages, il prend soin des animaux, des moutons et des chevaux qu'il chérit comme ses propres enfants, il leur donne amour et compassion et transmet à la nature ce qu'il a appris de ses pairs.

Durant toute son existence, Massinissa n'a cessé de reverser le surplus de ses bénéfices récoltés au sein de ses exploitations aux populations défavorisées de Kabylie.

Il ne s'est jamais enrichi de son dur labeur, peu importe l'argent et le pouvoir, il n'est pas dans ce monde pour être riche, mais pour partager, comme il aime le rappeler.

Un jour, j'eus la chance de passer un long après-midi à ses côtés, et dans ses yeux, lorsqu'il me parlait de partage, j'eus cette étrange impression que mon cœur se soulevait, et aussi surprenant que cela puisse paraître, mes yeux se mirent à briller devant le signe que Dieu existe, parce que cet homme si incroyable et si simple à la fois avait réussi à me rendre vulnérable en me faisant culpabiliser sur l'homme que j'étais ; enfin, après cela, mon âme ne fut plus jamais la même.

Désormais, à l'image d'un Victor Hugo qui rêvait d'être François-René de Chateaubriand, moi, je voulais être Massinissa, ou rien.

Dans mes pensées les plus profondes, j'ose croire qu'un jour, j'atteindrai l'élévation morale et spirituelle du grand Massinissa, un berger, un Berbère, un père de famille, un ami et un héros, mais avant toute chose, un symbole de l'authenticité.

NATHAN L'IRLANDAIS, POUR L'AMOUR D'UNE VIE

L'un des plus grands élévateurs de conscience, l'écologiste Pierre Rabhi, a écrit :

« La vie n'est une belle aventure que lorsqu'elle est jalonnée de petits ou grands défis à surmonter, qui entretiennent la vigilance, suscitent la créativité, stimulent l'imagination et, pour tout dire, déclenchent l'enthousiasme, à savoir le divin en nous. »

Les notions de temps et d'espace sont devenues étrangères à notre esprit, et dans notre perception du monde, nous ne sommes sensibles qu'à la richesse, au confort, aux plaisirs éphémères et à l'individualisme.

Au fil des années, au cœur d'une société qui s'est matérialisée à son paroxysme, nous ne savons plus ce que cela signifie que de prendre le temps, de sourire, de pleurer ou d'aimer profondément, sans se soucier du reste.

Et puisque l'on dit que le temps c'est de l'argent, alors nous avons sacrifié des milliers d'heures à notre travail, à nous rendre malades inutilement, et tout cela pour servir les intérêts des multinationales et de leur industrie capitaliste, afin que des actionnaires puissent indéfiniment se reverser des dividendes et s'enrichir sur notre dos, sur le dur labeur des faibles et des honnêtes gens.

Dans le laps de temps qui nous sépare du dernier souffle de la vie, nous continuons d'y apercevoir de simples opportunités de nous enrichir, et puisqu'arrivera le jour de notre mort, au moment de l'ultime soupir de l'existence, je suis certain que nous prendrons conscience, à ce moment-là, que la vie était bien trop belle pour être gaspillée au service du prisme de la superficialité.

Souvent, c'est lorsque nous sommes sur le point de perdre un être cher que nous comprenons à quel point il était si important à nos yeux, et ô combien le temps passé à ses côtés était précieux, car en vérité, cette même prise de conscience, la plupart du temps, ne se présente que bien trop tard.

Je ne souhaite pas être pris de court au crépuscule de ma vie, le jour où, sur mon lit d'hôpital, je verrai les miens s'apitoyer sur mon sort, parce que ce jour-là, je ne peux pas croire à l'idée que je puisse avoir des regrets ou des remords, bien au contraire, j'ose espérer m'en aller le cœur léger, avec l'espérance d'avoir aidé de tout mon être les plus démunis, les enfants malades, les femmes isolées, les personnes en situation de handicap, les personnes âgées, les animaux et la nature commune.

Désormais, et afin de m'assurer de façon certaine de ne pas vivre une fin de parcours difficile à accepter, j'ai réappris à aimer mon existence et à vivre l'instant présent comme si demain n'existait pas, à ne jamais cesser d'agir pour le bien commun et en multipliant le nombre de mes opérations humanitaires de terrain.

Ainsi, je ne veux plus remettre à plus tard ce que je peux faire de suite, désormais, je vis avec la certitude que ma mort approche à grands pas, qu'elle me fait signe au loin, et que d'une manière apaisée, l'esprit tranquille et l'attitude déterminée, je puisse me retrousser les manches afin d'aider, de partager et d'aimer mes semblables de tout mon cœur.

La vie, c'est certainement ce qu'il y a de plus beau, elle est une magnifique bénédiction, et même s'il y a des guerres, des massacres, des inégalités et des souffrances, il est important de se souvenir qu'elle est aussi l'amour, la beauté, la compassion, la gentillesse et la famille.

Quel cadeau précieux qu'est la famille !

Alors, j'ai choisi de faire preuve d'optimisme devant la désolation du monde pauvre, d'y voir un verre à moitié plein plutôt qu'à moitié vide, et face à la misère et la souffrance des peuples, j'ai préféré tendre la main plutôt que de mettre un genou à terre, avec la certitude que je ne changerai pas le monde à seul, mais que dans l'immensité de la chaîne compassionnelle et associative, je contribuerai à ma petite échelle, indéniablement, à l'édifice d'une société plus solidaire.

À chaque lever de soleil, je prends conscience qu'il peut s'agir là de mon dernier jour, qu'il est fort possible que je rende l'âme à l'heure du déjeuner, qu'un accident peut survenir dans l'après-midi ou qu'un arrêt cardiaque peut m'emporter avant l'heure du dîner, à vrai dire, je n'ai aucun pouvoir sur mon heure finale, je sais que mon temps est désormais compté ; dès lors, c'est avec détermination que je continue d'agir dans l'action humanitaire directe, jour après jour, avec la volonté d'apporter des aides spécifiques et déterminantes pour la dignité des bénéficiaires.

Le temps me paraît bien trop précieux pour être gaspillé pour les futilités du quotidien, pour la haine, la violence ou la colère, et pour tout ce qui n'a aucun intérêt. Je plains tous ceux qui se lèvent chaque matin pour gagner de plus en plus d'argent afin d'accumuler le plus de richesses possible, et devenir, de fait, les premiers à couler dans la course à l'individualisme.

Je leur souhaite une rédemption, qu'un beau matin, ils prennent conscience de leur véritable valeur et de leur incroyable potentiel pour l'avenir du monde, et par-dessus tout, de leur éminente importance pour la survie même de notre civilisation.

Les années défilent tellement vite, il faudrait être aveugle pour ne pas constater à quel point ce monde est si merveilleux et combien il est si important de profiter de chaque minute que cette vie peut nous offrir.

Peu importe notre situation sociale, que nous soyons riches ou pauvres, mariés, en couple ou célibataires, que nous ayons des enfants ou pas, qu'ils soient en bonne santé ou pas, en vérité, nous avons tous un lot interminable de souffrances que nous portons sur nos épaules depuis tant d'années, et pourtant, il me semble impératif de prendre conscience que nous disposons également du bonheur d'exister, d'aimer et de chérir des êtres chers.

En ce sens, je me souviens de cette citation de Marc Aurèle, empereur de Rome :

« En te levant le matin, rappelle-toi combien précieux est le privilège de vivre, de respirer, d'être heureux. »

Avec le temps, j'ai atteint la certitude qu'il y a toujours un angle sous lequel nous pouvons apprécier la vie et ce qu'elle nous offre, qu'il faut savoir relativiser les souffrances et les malheurs afin d'apprendre à se développer personnellement.

Autour de moi, je vois des personnes âgées vivre jusqu'à cent ans, mais également des amis s'en aller avant même la trentaine, j'ai perdu des êtres chers, en Afrique et en Europe, par accident ou par maladie, et encore aujourd'hui, je ne me souviens pas de leur avoir dit « au revoir », ni même leur avoir dit « je t'aime ».

Pourquoi n'ai-je pas utilisé le temps précieux que j'avais à leurs côtés pour extérioriser tout l'amour que j'avais à leur donner ?

Pourquoi ai-je laissé le temps décider pour moi de ce qui est urgent et de ce qui ne l'est pas ?

Aujourd'hui, avant même mes 30 ans, je vis chaque jour comme s'il s'agissait du dernier de mon existence, devenant un hyperactif dans le domaine de l'action humanitaire, avec cette interminable obsession d'une fin de vie imminente et du spectre de la culpabilité, celle de ne pas avoir assez agi.

Je ne pense pas être trop exigeant vis-à-vis de moi-même, bien au contraire, j'ai la certitude de ne pas en faire assez, souhaitant être honnête avec l'homme que je suis et, par-dessus tout, ne jamais chercher à me donner bonne conscience.

Cette attitude qui est la mienne aujourd'hui m'a poussé aux quatre coins du monde pour y mener des missions caritatives par milliers ; en ce sens, je peux croire qu'elle est positive afin de lutter véritablement contre les injustices sociales.

Le temps et l'espace, j'y pense continuellement, mais toujours de façon apaisée et sereine, obnubilé par la vie et sa date limite, et me sachant vulnérable, ce n'est qu'à l'article de la mort que j'aurai enfin la réponse à une autre question existentielle qui hante mes pensées jour et nuit depuis tant d'années :

Ai-je contribué à un monde meilleur ?

En 2019, j'ai rencontré la famille de Nathan, un jeune Irlandais de 12 ans atteint d'une maladie grave du cerveau, qui, durant la grande majorité de sa très courte vie, n'a connu que les hôpitaux, les examens, les médecins et les médicaments.

Son père, Bob, charpentier de profession, est devenu un ami. Durant des heures, nous avons parlé de son fils, de ses passions et de ses rêves les plus fous.

Nathan était fan de football, et au-dessus de son lit planaient les posters de ses idoles : Mohamed Salah et Sadio Mané.

Il aimait la vie et le sourire de ses parents, rire à n'en plus finir jusqu'à trouver le sommeil, il était un être empli de grâce et d'intelligence, qui se savait condamné à mourir.

Nathan savait mieux que quiconque ce que cela signifie que de vivre, il n'avait pas peur de la mort, son père disait même qu'il avait pactisé avec elle, devenant ainsi son amie et sa confidente, il en parlait de manière décomplexée comme on peut parler de la pluie et du beau temps.

En vérité, ce petit bonhomme était bien plus mature que nous le sommes, et beaucoup plus courageux que nous ne le serons jamais, nous qui nous plaignons à longueur de temps et qui passons nos journées à parler argent, bénéfices et investissements.

Mais où avons-nous la tête ?

Je n'ai jamais connu Nathan, je ne l'ai jamais rencontré, à vrai dire, mais j'ai l'impression de le voir à travers les yeux et les larmes de Bob, son si merveilleux père qui n'a cessé de l'accompagner dans les bons comme dans les mauvais moments.

Aujourd'hui, Nathan n'est plus du monde terrestre, il s'en est allé un matin d'été, juste avant le lever du soleil, dans le calme et la paix, à l'image de la vie qu'il a vécue, à la fois douce et tranquille, car jusqu'à la dernière seconde de son existence, il ne s'est jamais plaint, n'a jamais été aigri sur le sort que le destin lui avait offert, parce qu'en vérité, Nathan a aimé la vie jusqu'au bout.

NIDHAL L'ÉTHIOPIEN, AUX CONFINS DU PACIFISME

L'ancien président américain John Fitzgerald Kennedy a dit : « À vouloir étouffer les révolutions pacifiques, on rend inévitables les révolutions violentes. »

Héritiers des guerres du 20e siècle, chacun de nous entretient au fond de ses entrailles les souffrances d'une mémoire individuelle et collective, où le sang versé fut le point commun d'une destinée historique, d'Alger à Saigon, de Brest à Stalingrad.

Dès lors, nos sociétés se sont considérablement militarisées, et nous sommes désormais presque tous stéréotypés à tuer, que ce soient nos voisins, nos amis ou nos amours, la violence n'a jamais été aussi présente dans le quotidien des populations au moment où la fracture sociale s'accentue, où la pauvreté et la misère s'étendent aux quatre coins du monde, nous nous sommes construit une façon de réagir à la violence, et ce par la violence elle-même.

La bulle politico-médiatique française parle aujourd'hui d'une forme « d'ensauvagement » de la société, et pour être clair concernant ce terme controversé, je ne crois pas un seul instant que cette analyse soit exacte.

En réalité, nous ne sommes pas des sauvages, bien au contraire, nous sommes des êtres humains, gardiens de la conscience et du discernement entre le bien et le mal, c'est ce qui fait d'ailleurs notre spécificité, nous sommes tantôt attirés par la bonne action, tantôt par le péché ou l'illégalité, parfois forts et parfois faibles, mais du premier au dernier jour de l'humanité, nous ne serons jamais des sauvages.

Pourtant, il me paraît nécessaire d'analyser la réalité actuelle de notre époque et de ne pas fermer les yeux sur ce constat, aussi cruel soit-il, que nos sociétés sont devenues de plus en plus tyranniques.

Néanmoins, afin de combattre cette férocité qui arpente nos villes, il ne suffit pas de répondre à la problématique par des solutions qui seraient purement régaliennes ; en effet, et depuis aussi longtemps que l'humanité existe, il est évident que la violence n'a engendré que la violence, et que la haine n'a engendré que la haine.

Et face à cette spirale infinie du perpétuel rapport de forces, il est temps de changer de stratégie idéologique et philosophique, et ce pour l'équilibre même de nos sociétés.

En d'autres termes, j'estime qu'il est primordial de comprendre comment nous en sommes arrivés là, et pourquoi, aujourd'hui, nos enfants vivent avec le spectre du danger permanent, et ce de façon tout à fait normale.

Depuis la seconde partie du 20e siècle, au sortir de la Seconde Guerre, l'industrie du capitalisme financier a initié les peuples à une nouvelle forme de domination, un colonialisme intellectuel de la conscience par l'addiction à la consommation, faisant de nous de simples sujets économiques, prédisposés à consommer, à dépenser et à survivre, sans aucune véritable liberté.

L'aliénation par la consommation eut alors plusieurs effets :

Celui de nous détacher de notre qualité d'être de conscience dans un premier temps, puis en nous privant de nos libertés les plus fondamentales ensuite, et enfin, et c'est là que se dessine le mal, en accentuant notre penchant pour la violence.

Partout où l'argent et le matérialisme ont divisé les êtres humains, la jalousie et la haine sont apparues.

Et partout où la fracture sociale entre les riches et les pauvres s'est accentuée, le danger et les tensions ont persisté.

De ce fait, j'estime que la violence n'est que la conséquence des inégalités sociales qui asphyxient les peuples, au nord comme au sud, en Afrique comme en Europe, car seule la pauvreté peut générer un sentiment de dégoût et des réactions disproportionnées, où la misère intellectuelle de ceux qui vivent au bas de l'échelle sociale ne leur offre qu'une seule et unique solution : s'exprimer par la violence.

Et puis sur la scène internationale, du Proche-Orient à l'Afrique, les guerres se multiplient et les conflits interethniques ravagent des peuples sans défense.

De l'Ouganda à la Centrafrique, les enfants soldats du criminel Joseph Kony ont assombri tout espoir de paix possible, dans une région du monde dévastée à la fois par les maladies, l'extrême pauvreté et la désolation la plus totale.

Et devant ce spectacle des plus affligeants, il nous appartient de prendre position entre le bien et le mal, de rétablir la paix dans un monde qui en manque cruellement ; par ailleurs, c'est pour cette raison que j'ai entamé il y a de cela plusieurs années ce long cheminement qui mène à la route du pacifisme véritable.

Durant toute ma vie, je fus violemment secoué moralement par la cruauté du conflit israélo-palestinien, de ses répercussions jusque dans nos foyers de la province française, ainsi que son incroyable longévité qui ne laisse percevoir aucun horizon de réconciliation.

Et puis, avec le temps et l'expérience, et ma présence accrue dans la bande de Gaza pour y apporter une aide humanitaire d'urgence, j'ai assimilé l'idée exceptionnelle et grandiose que la paix est une possibilité concrète, si ce n'est la seule alternative crédible.

Il y a des rancœurs et de la haine des deux côtés de la frontière, des intérêts stratégiques et économiques que nous ne connaissons pas, des alliances dont nous n'avons jamais entendu parler, et au milieu de cela, entre les positions religieuses, philosophiques ou géopolitiques sur le sujet, il y a un peuple ostracisé, démuni de toute forme de dignité et laissé à son propre sort, mourant de faim, de soif et de froid.

À vrai dire, j'ai le cœur anéanti devant la misère palestinienne.

Face à cette souffrance, j'ai accepté l'idée que la seule et unique façon de rétablir la paix était d'adopter une position profondément pacifique, dans le fond comme dans la forme, au-delà même du prisme de la politique et de la religion, il me paraît évident que seule une position antimilitariste est plausible.

Certains des plus grands révolutionnaires contemporains n'ont jamais utilisé d'armes, ils n'ont cessé de prôner un dialogue et une compréhension réciproque, de Martin Luther King à Malcom X, en passant par Nelson Mandela ou le Mahatma Gandhi, ils ont été les premiers au front de la libération des peuples.

Peu importent les coups, la souffrance et le sang, ils ont répondu par l'amour de leur prochain.

Je crois profondément au pouvoir divin du pacifisme, à la non-violence et au respect des dignités, dans un monde en crise, je suis un fervent défenseur de la démilitarisation nucléaire des grandes puissances, tout comme je le suis du désarmement des populations.

Encore une fois, la violence n'engendre que la violence, il ne s'agit pas ici de faire preuve d'une quelconque forme d'utopisme, bien au contraire, je ne suis pas naïf pour éviter les questions liées aux rapports de forces, mais je reste porté par un idéal qui est en soi un réel projet de société, accès sur la dimension sociale, au service des plus démunis, centralisé sur une paix durable et plaçant la non-violence au cœur de mes préoccupations.

De l'enseignement soufi qui fut le mien, de Rumi à Ibn Arabi jusqu'aux préceptes d'Albert Camus et de l'abbé Pierre, je pense que la route de la sagesse est un chemin qu'il est indispensable d'emprunter, et ce pour la survie même de notre civilisation.

Sans paix, il y aura évidemment la guerre, des morts et des blessures à jamais refermées, et sans la non-violence, il y aura la haine de l'autre, la méfiance et le rejet de tout ce qui est différent ; en conséquence, je m'oppose corps et âme à tout projet de société qui prône la vengeance et la guerre.

Dans la banlieue d'Addis-Abeba, en Éthiopie, je fis la connaissance d'un homme qui m'a permis de changer à jamais mon regard sur la guerre et ses éternelles répercussions.

Nidhal, à l'élégance et la classe incarnée, représentait pour les membres de sa communauté une sorte de modèle ultime.

À 16 ans, il a vu l'intégralité de sa famille se faire massacrer, violer et pillée de toutes leurs richesses, au cœur des conflits qui ont embrasé ce si beau pays durant des décennies entières ; Nidhal s'est retrouvé orphelin du jour au lendemain, avant même l'âge de la maturité.

Alors qu'il était destiné à devenir médecin, il a dû se soumettre à abandonner ses études pour se nourrir et se loger, seul face à l'immensité de son destin, il a traversé tant de longues nuits à pleurer toutes les larmes de son corps et à endurer une insupportable douleur intérieure, se posant par ailleurs indéfiniment la même question :

Pourquoi ?
Qu'avait-il fait de mal pour mériter cela ?

Et puis, au fil des années, Nidhal s'est assagi, il a mûri pour devenir un homme, acceptant la vie qui est la sienne avec force et honneur, souriant au monde qui l'entoure et la misère que fut son quotidien.

Ces quinze dernières années, il a passé l'intégralité de son temps à se rapprocher des plus jeunes d'Addis-Abeba, leur parlant d'amour, de compassion et de générosité, et en les éloignant de la violence et de la tentation du crime.

Dans une société rythmée par les conflits, il a dépensé toute son énergie pour prôner le dialogue et la compréhension ; quant à son passé, aussi cruel soit-il, il repose désormais en paix dans la conscience qui est la sienne. Désormais, à l'âge de raison, et à presque 40 ans, Nidhal veut changer le monde, et pour cela, il en est intimement convaincu, la paix et le pacifisme sont indissociables.

MARIEME LA PEULE, L'ÉCLOSION D'UN ESPOIR

Le génie littéraire de Fiodor Dostoïevski a écrit :
« Vivre sans espoir, c'est cesser de vivre. »

Parmi les lignes de conduite qui furent les miennes, je pense que celle qui mène à vivre profondément l'instant présent m'a considérablement fait mûrir, me permettant d'atteindre la plupart des objectifs que je m'étais alors fixés sur le chemin de l'action humanitaire, et atteignant ainsi les confins du monde, allant par ailleurs beaucoup plus loin que je ne pouvais l'imaginer.

Je me suis surpris à être ce que je suis devenu, non pas que je puisse croire être un homme bien, bon ou fort, à vrai dire, je laisse à Dieu le soin de décider de ce que je suis réellement, mais au regard de mon parcours d'activiste social et à la lumière de mon cheminement, je n'aurais jamais imaginé qu'un jour comme aujourd'hui, je puisse sacrifier ma vie à la contribution humanitaire.

Vivre comme si le passé n'existait plus et comme si le futur n'existait pas, respirer l'instant présent comme s'il s'agissait du dernier jour de mon existence, profitant de chaque instant, de chaque seconde, et agir avec patience et persévérance afin d'aider les plus démunis, voilà ce qui caractérise aujourd'hui ma raison de vivre et d'exister.

De tous les fléaux que notre humanité ait connus, j'estime que l'un des plus importants qui soit, et aussi naturel puisse-t-il être, reste indéniablement la peur, et ce dans toute sa complexité.

Ô combien de fois j'ai vu des femmes et des hommes laisser périr leurs rêves et leurs aspirations par peur d'échouer, chaque jour, partout à travers le monde ; les êtres humains ont peur de tout et de rien, de tomber, de souffrir ou de pleurer abondamment, ils ont peur de regretter leurs actions, leurs engagements, et sans même s'en rendre compte, ils se sont noyés dans une peur d'agir pour le monde.

Cette même crainte, c'est celle qui parasite l'intégralité de notre existence et qui nous fait vivre une vie que l'on n'a pas choisie, car la plupart des femmes et des hommes préfèrent se soumettre à la dictature du confort plutôt que s'envoler vers des horizons épineux, certes, mais avant tout vers les rêves qui sont les leurs.

Quel triste cheminement !

Et puis, au-delà des peurs du quotidien, il y a bien évidemment la hantise ultime : la mort.

Le consumérisme contemporain a tant formaté les pensées individuelles et collectives que les éléments les plus naturels de notre existence sont devenus étrangers à notre esprit ; ainsi, la vie, la mort, l'amour et le temps, autant de thématiques essentielles de la civilisation humaine qui ne sont désormais que de simples sujets de discussions philosophiques, alors même qu'elles devraient représenter le cœur de nos perspectives et de nos aspirations.

Le superficiel a remplacé l'authenticité, l'argent a relayé les valeurs et les principes fondateurs de notre humanité, la haine a pris la place de l'amour, et la peur, quant à elle, s'est substituée à l'espoir.

Dans les profondeurs du soufisme et de son enseignement, mais aussi dans la spiritualité d'une façon générale, j'ai trouvé une forme d'apaisement intérieur, me réconciliant avec les notions les plus élémentaires de mon existence et en réapprenant à aimer, à sourire, à aider et puis, enfin, en me rapprochant assurément et avec confiance de la mort que j'avais jadis tant redoutée.

Et désormais, si je n'ai plus peur de la mort, alors il est évident que je n'ai plus peur de rien, quelles que soient les difficultés du quotidien et les blessures que j'ai vécu et que je vivrai encore et toujours, la vie ne cesse de continuer ; quant à la mort, elle viendra certainement, et je me suis dès lors promis de l'accueillir le cœur léger, avec passion et sérénité.

C'est donc à une toute nouvelle dimension que je me suis ouvert, au fond de laquelle j'ai trouvé une force et une puissance intarissable qui m'a permis d'agir quotidiennement dans l'action humanitaire au cours de ces dernières années, et cette dimension si particulière, c'est évidemment l'espoir.

Les deux pieds dans le présent et se focaliser sur l'instant du jour, agir maintenant et tout de suite avec l'espoir de meilleurs lendemains, c'est donc ainsi que je me suis forgé une nouvelle façon d'agir et de penser.

Cette fameuse perception du temps eut dans ma vie des répercussions sans précédent, lorsque l'espoir a remplacé la peur, c'est tout un poids intérieur dont je me suis libéré et c'est l'intégralité de mon être qui en fut impactée, tout cela, encore une fois, au service des autres, des plus pauvres et des plus défavorisés du monde.

En prenant du recul sur ma vie et en analysant les parcours de ces grandes femmes et de ces grands hommes qui se sont construit d'immenses destinées au service de l'universel, j'ai pu constater à quel point l'espoir était moteur de réussites, et ô combien il était essentiel dans le cheminement d'une existence aboutie.

Martin Luther King parlait de « rêve » lorsqu'il évoquait son espoir d'une société meilleure pour ses enfants, et Nelson Mandela, quant à lui, projetait son espoir sur l'éducation en affirmant qu'elle était « l'arme la plus puissante qu'on puisse utiliser pour changer le monde ».

Les résistants de la Seconde Guerre mondiale, à leur tour, avaient l'espoir de vaincre le nazisme et de rétablir la paix, et puis en Algérie, dans mon pays, les moudjahidines avaient l'espoir que la terre de ce si beau pays soit enfin la propriété du peuple autochtone algérien.

L'espoir fait vivre et génère des vocations, des sourires et du bonheur, et par-dessus tout, il a permis à tant de femmes et d'hommes de changer le cours de l'Histoire.

Il me paraît vital de combattre toute forme de pessimisme, de retrouver confiance en nos qualités et en nos capacités à combattre l'injustice partout où elle sévit, car désormais, si j'ai voué ma vie à aider les plus démunis, c'est parce que j'ai l'espoir d'un monde meilleur, peu importe si je le verrai de mon vivant, cela fait bien longtemps que j'ai arrêté de vivre pour moi, car, assurément, mon engagement s'est construit au service des générations présentes et futures.

Je connus tant de femmes et d'hommes pour qui l'action humanitaire semblait utopique et inutile devant la cruauté du monde, des individus différents les uns des autres qui pensent avec certitude que les dés sont jetés, que le mal l'a définitivement emporté sur le bien et que la dignité et la libération des peuples ne sont désormais que de sombres espoirs perdus.

Je marche dès lors sur le pessimisme avec toute ma détermination et je lutte contre le défaitisme avec confiance, j'accepte même que la peur fasse partie du jeu, mais comme Ahed Tamimi le fait si bien sur sa terre de Palestine, je ne baisserai pas les yeux devant l'adversité, je n'en ai ni le droit ni le devoir.

Au Sénégal, je fis la connaissance de Marieme, une femme peule de 68 ans, au charisme sans égal et à la poésie si étincelante.

De son vécu, elle connut le mal et la violence, le colonialisme et les dictatures, mais aussi la pauvreté et la misère, elle a perdu l'homme qui avait partagé sa vie durant plus de 50 ans, et désormais seule avant de se présenter à l'article de la mort et en sachant que la fin approche à grands pas.

Dans ses mots et son regard perçant qui ont foudroyé mon âme, j'ai lu ce que signifiaient le sacrifice et la confiance en soi, parce que même dans les plus grands malheurs de la vie, Marieme n'a cessé de sourire au destin et de l'accepter tel qu'il était.

Depuis presque dix ans, il n'y a pas un jour où elle n'arpente pas les rues les plus défavorisées de Dakar pour apporter de l'aide et du réconfort aux enfants talibés, ces orphelins délaissés du système et qui ne subsistent que de la charité de la population locale.

Elle leur donne une présence qu'ils n'ont jamais connue et un amour inédit, transmettant de son expérience et de ses qualités à des milliers d'enfants pour qui la vie est une souffrance absolue, entre la saleté, la pauvreté, la solitude et la violence.

Marieme est un ange qui change le quotidien de ceux qui souffrent, elle a voué la fin de son existence à un idéal qui lui tient à cœur, celui de consoler et de rassurer de jeunes âmes sensibles, parce que la vie est difficile, parfois injuste, mais elle vaut le coup d'être vécue pleinement, et cela, du haut de ses 68 printemps, malgré les difficultés qui furent les siennes, Marieme en est parfaitement consciente.

Parce que lorsqu'elle reposera en paix dans sa dernière demeure, elle m'a confié rêver sans cesse que le plus précieux de ses enseignements ait été acquis, en soi, celui de ne cesser d'espérer un monde meilleur.

ROHAN LE ROHINGYA, L'EFFORT POUR HABITUDE

L'écrivain français Jules Renard a écrit :
« La gloire est un effort constant »

Bien avant de m'être engagé dans l'action humanitaire, je connus le sport et ses valeurs conquérantes, où se battre, faire preuve d'abnégation et ne jamais mettre un genou à terre font partie de la vie de celui qui souhaite emprunter la route de l'effort.

Sur ce chemin de vertu, il fallait apprendre à faire des sacrifices, trouver dans la difficulté la force de rebondir et de devenir plus fort, plus patient et plus persévérant, et par conséquent, les aspects liés au mental et au physique m'ont paru essentiels.

Si le sport est universel et s'il rassemble autant les peuples depuis des siècles, c'est parce qu'il véhicule naturellement des valeurs positives et, de ce fait, porte l'humanisme à son sommet.

Il combat toutes les différences et les privilèges possibles, parce qu'il n'y a pas de riches ou de pauvres dans l'effort physique, ni de noirs ou de blancs dans le sacrifice de soi, et encore moins de juifs ou de musulmans dans la victoire ou la défaite, il n'y a alors que le sport, l'effort, le plaisir et le bonheur d'avoir partagé, le temps d'un instant, un moment intense de cohésion sociale.

De ma vie, j'ai toujours aimé le sport pour ce qu'il est, au-delà du néolibéralisme qu'il véhicule aujourd'hui dans ses hautes sphères, le sport amateur m'intéresse bien davantage pour son insouciance et son authenticité.

La dimension sportive a continué de vivre dans mon esprit, et même après avoir cessé la pratique d'une quelconque activité physique, j'ai tout de même cultivé au fond de moi cette identité de la lutte et de l'abnégation, et même si, à l'époque, je ne le savais pas encore, cette force intérieure me permettrait par la suite de plonger indéfiniment dans les profondeurs de l'engagement humanitaire, et ce à travers le monde entier.

Ce qui fait la spécificité de mon combat contre la pauvreté, c'est que dès que je me suis lancé définitivement dans cette démarche, je ne me suis jamais arrêté, car en vérité, je l'ai fait pour de bonnes raisons, il ne s'agissait pas de me donner bonne conscience ou de chercher une quelconque forme de reconnaissance personnelle, j'ai agi pour les autres avant tout et pour ceux qui sont dans le besoin jour et nuit, ceux qui pleurent et ceux qui souffrent, et en conséquence, ce sont des intentions équilibrées qui m'ont permis de comprendre l'essence même de mon engagement au service du monde pauvre.

Et puis, devant la difficulté que cela représente et dans les jours difficiles, d'hiver comme d'été, durant les pandémies d'Ebola ou de Coronavirus, ce qu'il me reste de l'esprit Coubertin m'a permis de ne jamais m'arrêter ni même de prendre le temps de souffler, parce que l'urgence humanitaire ne m'autorise pas à prendre soin de moi ou de ma santé, dès lors, j'ai accepté l'idée d'un sacrifice total, à la fois mental, psychique et physique.

Porté par cette détermination qui caractérise mon engagement, j'ai su que je ne pouvais plus revenir en arrière, et sur ce chemin à sens unique dans le but d'atteindre la dignité des êtres humains, le « moi » s'en est allé pour laisser place à un « nous », désormais, la conscience tranquille et l'esprit apaisé, il serait alors question de vivre ou de mourir ensemble.

Au regard de l'Histoire, ceux qui ont fasciné mon existence n'ont jamais cessé de lutter contre toutes les injustices de leur époque, car je me souviens que les héros de la guerre d'Algérie sont allés au bout de leurs efforts pour vaincre l'oppresseur colonial.

Aujourd'hui, l'Algérie et les Algériens leur doivent tout ; quant à moi, je leur en suis infiniment reconnaissant.

Antoine de Saint-Exupéry, de la plume jusqu'à la Seconde Guerre mondiale, est mort sur le chemin de la libération afin de servir le drapeau de la liberté universelle.

Malcolm X, de la lutte sociale à l'orateur extraordinaire, fut assassiné pour n'avoir jamais cessé de combattre l'égalité des êtres humains ainsi que les inégalités que subissait le peuple afrodescendant en plein cœur de l'Amérique du 20e siècle.

Stéphane Hessel, du verbe à la révolution des consciences, a jusqu'à son dernier souffle, malgré les attaques et les injures, lutté fièrement pour la liberté des peuples.

Che Guevara, de l'anti-impérialisme occidental jusqu'à l'immortalité, a voué son existence entière à la juste cause et s'en est allé comme il a vécu, tel un brave.

Le commandant Massoud, de l'Afghanistan tribal jusqu'à la mémoire du monde, contre les menaces et la peur, s'est érigé en symbole de la persévérance sur le chemin de la dignité humaine, au service de son peuple, des plus faibles et des sans voix.

Abdelkrim El-Khattabi, du désert à la révolution ultime, du premier au dernier jour de sa vie, n'a cessé de faire face au colonialisme espagnol et français, avec force et honneur, il fut un symbole de la lutte pour l'égalité et la dignité du peuple Rif.

Les exemples sont si nombreux que cet ouvrage ne contiendrait pas assez de pages pour tous les énumérer, mais en réalité, au regard et à l'analyse approfondie de ces parcours extraordinaires, il en va d'un point commun propre à tous, celui d'un caractère exceptionnel et d'une volonté de ne jamais s'arrêter sur le chemin de la justice sociale, parce qu'il en va de l'avenir du monde et de la civilisation humaine.

Que serions-nous aujourd'hui sans tous ces braves gens qui ont donné leur vie, leur corps et leur âme pour servir une juste cause ?

Que serions-nous devenus sans le sacrifice de nos aïeux ?

Parfois, j'ai l'impression que dans notre arrogance la plus extrême, nous ne savons pas faire preuve de reconnaissance envers notre histoire, en mémoire de ces femmes et ces hommes qui ont vécu pour nous, pour notre avenir et notre sécurité à tous.

À l'heure d'aujourd'hui, je me sais bien plus petit que tous ces grands hommes, je n'ai ni leur carrure, ni leur charisme, et certainement pas leur courage, et c'est donc avec humilité que j'ai accepté l'idée que je n'atteindrai certainement jamais leur niveau de sagesse et de détermination.

Toutefois, avec les moyens qui sont les miens, mon propre recul et les enseignements que j'ai acquis au fil de mon expérience humanitaire à travers le monde, je sais que ce n'est qu'à travers l'effort et la persévérance que je pourrai ainsi dessiner une véritable œuvre humanitaire, à la fois conséquente et indélébile, que personne ne pourra m'enlever.

Chaque jour est une journée d'action et chaque heure doit donner lieu et place à la réflexion, à l'élaboration de nouveaux projets pour notre société, et de façon continuelle, que je sois malade ou affaibli, ou même lors du dernier jour de ma vie, je ne cesserai de proposer des alternatives et des solutions pour combattre la misère et l'injustice qui sévissent à travers le monde.

La persévérance ne laisse pas de place à la paresse, ni au doute, ni à la faiblesse, il est impératif d'être déterminé, quitte à en mourir de fatigue, parce qu'il ne m'appartient pas de choisir de quelle façon je souhaite finir ma vie, et en tant que croyant, il est évident que je laisse à Dieu le choix de ce si beau moment qui m'attend.

De ce fait, et peu importent les conséquences de cette hyperactivité, j'estime que je n'en ferai jamais assez, car devant l'immensité que représentent les besoins des populations vulnérables dans les pays les plus pauvres, ce que je fais sur le terrain chaque jour de l'année ne suffira jamais à éradiquer l'extrême pauvreté qui s'étend indéfiniment.

Je me le rappelle continuellement pour me permettre de garder les pieds sur terre : je ne changerai pas le monde à moi seul.

J'en ai aujourd'hui parfaitement conscience, mais pour autant, je n'arrêterai jamais de m'engager sur le chemin de l'action humanitaire directe, quoi que cela m'en coûte et quelles qu'en soient les répercussions sur ma vie sociale et pour mon avenir.

En Birmanie, je me suis lié d'amitié avec Rohan, un jeune travailleur associatif de 32 ans.

Enfant du peuple Rohingya, ostracisé et massacré pour le simple fait d'être musulman, mis à l'écart de la dignité humaine par une « prix Nobel de la paix », Daw Aung San Suu Kyi, l'« Adolf Hitler » birman.

Rohan a connu les massacres, l'extrême violence et la discrimination perpétuelle, citoyen de seconde zone sur la terre qui l'a vu naître, il ne sera jamais Birman aux yeux d'un pouvoir qui le hait pour être né ce qu'il est.

Ensemble, nous avons apporté à notre échelle une aide spécifique et importante à des familles dans le besoin, pour qui la faim et la soif font partie intégrante de leur quotidien.

Avant de me connaître, Rohan était déjà engagé au service des siens, il n'a pas attendu de faire ma connaissance pour aimer et pour aider son peuple jusqu'à en devenir parfois malade de fatigue.

Plus d'une décennie désormais qu'il est aux petits soins de ses concitoyens et de ses coreligionnaires, à apporter avec ses propres moyens une certaine forme de dignité à tous ces pauvres gens qui vivent l'horreur au quotidien.

Comme il aime me le rappeler, il ne cessera jamais d'aider, cela fait partie de sa vie, et s'il devait vivre cent ans de plus, il est certain que nous le retrouverions affaibli au siècle prochain, mais jamais rassasié d'aider sa population, parce qu'il est porté par une cause qui le dépasse, celle de l'humanisme authentique.

Dès lors, Rohan est prêt à ne jamais s'arrêter d'aider, de perfectionner sa patience, son amour et sa persévérance sur les différentes cordes de son arc, et souffrir d'effort jusqu'au dernier jour de sa vie.

MONSIEUR RAYMOND DE BANGUI, IMPRÉGNÉ DE RESPONSABILITÉS

L'écrivain autrichien Stefan Zweig a écrit :

« Presque toujours, la responsabilité confère à l'homme de la grandeur. »

J'ai souvent entendu dire que la lâcheté dirige le monde et que les principes fondamentaux de notre civilisation ne font plus partie de nos quotidiens, et que de ce fait, nous avons tous, individuellement et collectivement, failli à notre devoir.

Je n'irai pas dans le sens de la généralisation, toutefois, il me paraît évident que notre génération s'est noyée dans une insouciance aigüe, parce que le surplus de technologie nous a offert des possibilités infinies telles que les réseaux sociaux, où n'importe qui se donne le droit de commenter n'importe quoi, il n'y a plus de respect envers la hiérarchie, la famille, les aînés, les plus qualifiés, les sages ou les savants, parce que la bulle de l'Internet a préfabriqué une armée d'anarchistes qui, sur la toile, se pensent plus cultivés et plus intelligents, et même dans la rue, et ce dans la continuité des réseaux sociaux, la violence s'y est considérablement intensifiée.

Dans une société sans foi ni règles, nous avons donné l'espace aux complotistes, aux radicaux, aux anarchistes, aux fondamentalistes, aux racistes et aux xénophobes, la totale liberté d'exprimer a naturellement favorisé la possibilité de détruire, de choquer et de créer ainsi un climat de défiance entre les citoyens.

Lorsqu'une société est rongée de l'intérieur, elle paraît désagréable de l'extérieur, et au fil des voyages, j'ai vu à quel point l'image de la France, le pays dit « des droits de l'homme », s'est profondément détériorée.

Et au cœur de cette nouvelle société rythmée par le monde du numérique, le capitalisme a séparé les individus entre eux, même jusque dans nos foyers où les parents n'ont plus l'autorité nécessaire pour élever leurs propres enfants, où les frères et les sœurs ont coupé les liens du sang, où l'argent fait désormais office de valeur suprême et où les sentiments et le bon comportement, quant à eux, se sont littéralement évaporés.

Ce nouveau monde, sombre et triste à la fois, a fait naître l'esprit de l'individualisme dans le cœur de chacun ; désormais, le malheur des autres ne nous intéresse plus, nous ne connaissons pas nos propres voisins ni ce que cela signifie que d'apporter assistance, les sans-abri se multiplient dans les rues de nos grandes villes et nous n'osons même plus les regarder dans les yeux, et encore moins leur apporter un sourire ou une dignité, parce que la politique du chacun pour soi a recouvert l'univers de l'entraide et de la charité, si bien que lorsque l'on tend la main à son prochain, certains nous considèrent comme des héros, alors même qu'il n'en est rien.

Il fut une époque où nos aïeux avaient des principes et des devoirs, envers eux-mêmes tout d'abord, mais aussi envers leurs parents, leur famille et la société, ils respectaient les figures d'autorité, le maître d'école, l'inspecteur de police, le boulanger du coin ou le pompier qui sauve des vies, il y avait encore un rapport de confiance et d'authenticité qui s'est envolé au fil du temps et des générations.

Nos responsabilités les uns vis-à-vis des autres n'existent plus, ainsi, nous sommes seuls face à la vie, envers et contre tout, nous n'avons plus d'alliés ni d'amis sincères sur qui compter, quant à la famille, elle n'est plus aussi sacrée qu'autrefois.

Je regrette cette nouvelle conception des rapports humains, car j'ai la certitude que tout cela crée un égocentrisme terrifiant, mais aussi, et c'est là plus grave encore, une forme de nombrilisme absolu.

Si je suis un acteur de l'engagement humanitaire à travers une grande partie du monde, et parce que ma vie entière désormais y a été consacrée, je ne peux fermer les yeux sur tous les fléaux qui contribuent à la fracture sociale et à la séparation des riches et des pauvres, car s'il est important d'agir sur le terrain, il est en amont essentiel de diagnostiquer l'origine du mal.

Il est bien aisé de se draper d'une bonne conscience, de citer les philosophes sur les réseaux sociaux ou de parler religion et spiritualité avec assurance et certitude, tandis qu'au même moment, nous n'apportons aucune aide concrète et aucune compassion réelle aux plus démunis, c'est bien là ce qui se rapproche le plus d'une hypocrisie manifeste.

Aujourd'hui, il semble évident que nous sommes tous, individuellement et collectivement, aux commandes du bateau qui transporte la civilisation humaine, et que nous avons tous, à des degrés plus ou moins importants, et ce quelle que soit notre condition sociale, une part de responsabilité sur l'équilibre du monde, de par notre contribution et notre action sociale envers les plus nécessiteux.

Cette responsabilité qui est la nôtre, j'en ai pris conscience au fil des années, mais pour cela, j'ai dû accepter de me faire du mal, de procéder à une profonde autocritique et un travail de reconstruction identitaire, laissant la morale et la bonne conscience de côté, j'ai accepté de me flageller à la fois philosophiquement, intellectuellement et spirituellement, et cela, afin d'en sortir un homme plus authentique, plus mature, et par-dessus tout plus responsable.

Je ne cesse de pleurer devant l'urgence absolue que nécessite la situation humanitaire actuelle, j'en suis bouleversé jusque dans mes profondeurs, car j'y pense jour et nuit comme une obsession perpétuelle qui ronge mon cœur et mon esprit, et si j'ai conscience que je ne suis évidemment pas le seul responsable, j'en assume tout de même ma part de responsabilité.

Si chacun de nous, avec nos modestes moyens, prenait également sa propre part de responsabilité et décidait de s'engager dans le partage des richesses et dans l'engagement humanitaire de terrain, alors j'ai l'intime conviction que nous éradiquerons la misère dans le monde, et ce bien plus rapidement que prévu.

Dès lors, je considère qu'il est temps de faire la révolution à la misère sociale, sans armes, ni haine, ni violence, le cœur apaisé et le sourire aux lèvres, l'amour débordant des yeux et des cœurs, avec une détermination qui fait notre spécificité, vers l'horizon de la dignité des êtres humains.

Il n'existe pas de révolution partielle, la révolte doit être totale et catégorique, et s'il faut en mourir de fatigue, alors qui a-t-il de plus grand que de mourir par la révolution ?

Ernesto Che Guevara, Larbi Ben M'hidi, Patrice Lumumba ou Thomas Sankara, tous ces hommes qui ont vécu jusqu'au dernier souffle de leur vie de la révolution totale, sont-ils morts de vieillesse ?

Il est évident que non.

Ils sont morts jeunes et dans la fleur de l'âge, mais imbibés d'une conscience de la dignité et de l'égalité des êtres humains, car en vérité, et aussi surprenant que cela puisse paraître, j'estime qu'ils sont morts libres.

Je crois que les grandes causes méritent d'importants sacrifices, néanmoins, nous ne versons pas de sang parce qu'il est évident que nous sommes des pacifiques congénitaux, convaincus que l'amour dominera le monde et que la dignité humaine est la valeur suprême, mais si nous refusons catégoriquement de nous engager dans la lutte sociale dès aujourd'hui, alors notre présence en ce moment sera définitivement inutile pour l'humanité.

C'est à Bangui, au cœur de la belle Centrafrique, que je connus le grand Monsieur Raymond, qui à l'âge de 63 ans était un travailleur social de l'ombre, étranger à toute forme de médiatisation, mais qui, aux yeux d'une certaine classe populaire locale, représentait un véritable héros des temps modernes.

Entre les conflits interethniques qui ont ravagé son pays, il a permis le dialogue entre chrétiens et musulmans, fait comprendre aux plus jeunes générations des deux clans qui s'opposaient qu'ils étaient avant tout frères en humanité, liés par leur origine pour l'éternité durant, mais également de par leur condition sociale, leur langue, leur foi en l'existence d'un Dieu unique et d'une vie après la mort.

Par le dialogue, il a créé des ponts impensables entre deux univers irréconciliables, il fit ce que les Nations unies et leurs Casques bleus n'ont pas réussi à faire sur le terrain, dans un travail à long terme, avec patience, amour et persévérance, il a donné de tout son être pour que ces populations qui s'entretuaient jadis, puissent à nouveau se regarder dans les yeux et discuter, d'êtres humains à êtres humains, d'égaux à égaux.

Ce qui me bouleversa le plus chez Monsieur Raymond était d'apprendre que ses enfants furent sauvagement assassinés lors de ces mêmes conflits ethniques, et que sa chère et tendre femme avec qui il avait passé la plus grande partie de son existence, à son tour, rejoignit le ciel de chagrin et de tristesse, suite à la perte de ses enfants.

Il avait tout perdu, et au fond de son esprit, il se sentait coupable de ne pas avoir agi avant, lorsque devant ses yeux, il voyait les jeunes générations de son quartier natal s'entretuer, parce qu'une partie de son for intérieur lui disait qu'il n'était pas concerné et que rien de tout cela n'était de son ressort, alors, enfermé à l'intérieur de sa maison, il avait laissé sa terre de la Centrafrique s'embraser dans l'horreur la plus cruelle possible.

Désormais, Monsieur Raymond ne se barricade plus, il fait face au crime, à la désolation et à la tristesse quotidiennement, il n'a plus peur de rien, en réalité, il n'est en rien coupable de la situation de son pays et il en est parfaitement conscient, mais désormais, et c'est bien là ce qui fait toute la différence, il se sent responsable de l'avenir de son peuple et de l'humanité dans son ensemble, persuadé qu'un homme responsable est naturellement un homme meilleur.

GABRIEL DE SOWETO, LA RICHESSE VÉRITABLE

L'un des plus grands génies de la littérature actuelle, M. Éric-Emmanuel Schmitt, a dit :

« La vertu est la seule richesse. »

Un jour, j'ai lu quelque part que le partage n'a jamais appauvri personne.

Aujourd'hui, à un âge de raison, suite à de multiples échecs et d'incroyables réussites, après avoir voyagé à travers le monde entier, rencontré des milliers de gens et serré des milliers de mains, j'ai atteint l'intime conviction que le partage ne nous affaiblit pas, mais qu'au contraire, il nous enrichit indéfiniment.

Mais que l'on s'entende bien sur ce point, lorsque j'évoque la richesse, il n'est pas question ici d'euros, de dollars ou de livres sterling, je ne fais référence ni à l'économie ni à la propriété.

La richesse véritable telle que je la conçois dans mon esprit est liée à la personne que nous sommes intérieurement, à notre comportement envers les autres, à notre empathie pour les plus démunis et au poids de nos bonnes actions sur le chemin de la vie.

La richesse véritable, encore une fois, c'est également la profondeur de notre être et l'immensité de notre esprit, la gentillesse que nous offrons à l'humanité entière et notre compassion envers ceux qui souffrent, mais également l'amour que nous portons à l'humanité et notre respect pour ce qui nous entoure.

La richesse véritable, pour finir, ce sont les valeurs et les principes qui nous portent et notre capacité à leur rester fidèle continuellement, jour après jour, année après année, dans la difficulté et la maladie tout comme dans les moments insupportables de l'existence.

Je crois en l'immatérialité de la richesse tout comme j'ai foi en la grandeur humaine, je pense qu'un sage est plus riche qu'un entrepreneur, que le savoir et la connaissance de soi valent plus que l'or et l'argent, et que les actions humanitaires nous rendent infiniment plus riches que nous ne l'avons été.

Ainsi, si nous partons du principe que la richesse n'est pas monétaire, qu'elle est en vérité liée à la sagesse, au bon comportement et au partage, alors il est désormais temps que nous soyons riches à notre tour, milliardaires de bonté !

À chaque jour qui se lève, nous pouvons saisir l'opportunité d'accumuler des richesses sur la route de la sagesse, et pour cela, il ne suffit que d'une volonté de changer le monde, portée par les valeurs universelles communes à chacun, à aider, transmettre et aimer son prochain, parce qu'en vérité, il est temps que nous devenions richissimes à en déborder de tous sens, de bonnes actions et d'actes charitables à la fois.

Sur le plan personnel, j'ai pris la décision il y a de cela plusieurs années de prendre un chemin à contre-courant de celui que la société capitaliste m'avait jadis imposé, ainsi, alors même que je voyais tous les jeunes gens de mon âge finir leurs études et penser à grimper au sommet de l'échelle sociale, je prenais quant à moi l'avion qui m'emmenait en Afrique pour comprendre la désolation du monde pauvre et pour proposer humblement mon aide logistique, et ce quoi que cela m'en coûte.

En plein cœur de Paris, entre ces femmes en tailleur et ces hommes en costume, de la rue de Rivoli au boulevard de l'Opéra, de la démesure à la démesure, pris en sandwich entre la superficialité et la superficialité, je comprenais dans la fleur de l'âge que je n'étais pas à ma place dans ce monde du consumérisme le plus abject, que ma destinée était bien ailleurs, parce que mon corps était en France et mon cœur en Afrique, entre Ouagadougou et Lomé, Dakar et Lagos, entre le district de Mutare et celui du Sironko, du Zimbabwe à l'Ouganda, c'était là-bas que se dessinait véritablement mon destin et où s'inscrivait le sens de ma vie.

Cette prise de conscience eut l'effet d'une bombe à l'intérieur de mon être, au moment même où je vivais une ascension professionnelle importante ; au lieu de fixer le haut de l'échelle sociale avec détermination, j'ai préféré regarder tout autour de moi en ne m'intéressant qu'aux humains, à leurs faiblesses et leurs douleurs, et à leur apporter, avec mes modestes moyens, tout l'amour du monde.

C'est à l'âge de 25 ans que je compris ce qu'était la richesse véritable, celle de se donner corps et âme pour l'humanité, à travers le partage, le don, le sacrifice de soi, de notre temps et de notre énergie, dans l'engagement et dans l'action humanitaire directe.

Lorsque dans le froid de la capitale française, j'apercevais tous ces jeunes gens qui prenaient de leurs temps pour opérer des maraudes et venir en aide aux milliers de sans-abri des rues de Paris, comment pourrai-je ne pas croire un seul instant que tous ces gens sont richissimes intérieurement ?

J'ai vu de la fortune dans les yeux de ces médecins volontaires qui ont arpenté l'Afrique pour apporter de leur savoir-faire, de leur technicité et de leur capacité à sauver des vies, loin de leur famille et de leurs repères, dans la difficulté, la chaleur et l'humidité du continent africain, à mettre leur égo de côté pour penser à tous ceux qui souffrent jour et nuit.

En Afrique, encore une fois, j'ai vu ces étudiants occidentaux qui ont délaissé les voyages superficiels à Dubaï et à Bali pour s'engager dans l'action humanitaire, contribuant à la construction de forages et de salles de classe, et en partageant des moments de bonheur avec des enfants souvent orphelins et défavorisés.

Au même moment, j'ai vu en Europe tous ceux qui sauvent des vies quotidiennement, des infirmiers, des soignants, des pompiers, des policiers et des secouristes, qui risquent leur vie et leur intégrité physique pour venir en aide aux populations en danger.

À toutes ces grandes âmes de notre humanité, je leur voue un amour infini et une éternelle reconnaissance, car sans eux, nous serions aujourd'hui plongés dans les abîmes du chaos.

Il ne suffit pas d'avoir un compte bancaire bien garni pour avoir réussi son passage sur terre, tout cela n'est que frivole, sans intérêt et sans profondeur, parce que la richesse monétaire n'est qu'un leurre et un mensonge éhonté sur le sens de la vie, en soi, une éternelle insatisfaction.

À l'image du grand Rumi, je rêve d'être ivre d'amour, et comme l'abbé Pierre le fit durant toute sa vie, je veux vivre de partage et de compassion, parce que le peu de temps qu'il me reste à vivre doit être celui qui me verra me consacrer à l'essentiel, en ne cessant de parcourir le monde pour apporter mon aide dans tous les domaines liés à l'urgence humanitaire, de l'éducation à la santé en passant par le handicap, la condition des femmes pauvres et la biodiversité.

Peu importent les biens matériels que je possèderai au jour de ma mort, ce qui compte avant tout, c'est évidemment ce que j'aurai transmis à l'humanité, à mon humble échelle et avec mes modestes moyens.

Je rêve d'un monde où les femmes et les hommes se lèveraient chaque jour avec la volonté d'aider et de partager, où la richesse monétaire laisserait place aux profondeurs de l'âme et de l'esprit, et de fait, un monde où le bien l'emporterait sur le mal.

Il y a dans ma réflexion et mon discours d'aujourd'hui une forme de pensée ésotérique, je ne le cache pas, le soufisme me porte de jour en jour et me propulse vers des horizons lointains, et désormais, c'est sur la route du bonheur véritable que je souhaite transporter le plus d'âmes possible.

Ainsi, c'est au cœur du ghetto le plus dangereux du monde, celui de Soweto en Afrique du Sud, que j'ai aperçu la richesse véritable sous son aspect le plus authentique.

J'ai rencontré Gabriel, un jeune mécanicien de 36 ans né dans l'extrême pauvreté, que nous pourrions également qualifier de misère absolue.

Entre la violence et le crime, il n'y a qu'un pas, mais Gabriel, si écorché par la vie, ne l'a pourtant jamais franchi.

Durant toute son adolescence, il a vécu de petits trafics en tous genres, non pas parce qu'il aimait cela, mais parce qu'il avait besoin de nourrir sa famille, ses petites sœurs en bas âge, et que dans les profondeurs du mal, il y a trouvé un intérêt, le seul d'ailleurs, celui de sa propre survie.

Et puis un jour, il s'est passionné de mécanique jusqu'à en faire son métier, il a mis de côté sa vie de débauche pour se consacrer à une véritable passion, celle qui lui permettrait bientôt de créer sa propre affaire et de faire vivre sa famille, et ce honnêtement.

Au même moment, Gabriel a décidé auprès de ses amis d'enfance de distribuer des denrées alimentaires presque quotidiennement, et ce tout au long de l'année, aux familles du ghetto de Soweto.

Ceux qui n'ont plus de revenus savent désormais que Gabriel est leur ange gardien, et que dans la plus grande des souffrances possibles, à tout moment de l'année, il sera là pour leur venir en aide.

Cela fait plus de quinze ans que Gabriel continue d'aider les plus démunis, lui est sorti du ghetto pour rejoindre les beaux quartiers pavillonnaires, et sur le chemin de l'ascension sociale, il a grimpé le plus haut qui puisse être possible pour un enfant de son origine, et pourtant, il n'y a pas un jour où Soweto ne voit pas son enfant revenir au bercail.

Gabriel est un ami et un frère pour l'éternité ; ensemble, nous avons échangé des nuits entières, et ce qu'il en ressort lorsque je le regarde dans les yeux, ce n'est pas sa réussite sociale, qui m'importe peu finalement, mais c'est de constater à quel point cet homme est incroyablement riche, de cœur et d'esprit, d'amour et de compassion pour les autres.

Ainsi, c'est en rencontrant Gabriel de Soweto que j'ai définitivement compris ce qu'était la richesse véritable.

MAIMOUNA LA MALIENNE, IMBIBÉE D'HUMILITÉ

L'acteur suisse Pierre Dudan a dit :

« Il n'est jamais trop tard pour apprendre. Ne serait-ce que l'humilité. »

Avec du recul, je crois au pouvoir qu'ont les valeurs et les principes sur le cours de la vie d'un être.

Quel que soit notre statut social, du nord comme au sud de la planète, au fil du temps, notre comportement et nos actes écriront le reste de notre existence.

Je ne savais rien de ce qu'était la richesse véritable avant d'étudier le sujet, de parcourir le monde et de rencontrer des femmes et des hommes qui ont voué leur vie à aider les plus démunis.

Et puis, au fil du temps, j'en suis arrivé à une première conclusion, celle de considérer que la qualité d'un être humain, en fonction de son être, de ce qu'il véhicule et du poids de ses bonnes actions, valait bien plus que toute la richesse matérielle qu'il pouvait posséder.

Ainsi, je me suis passionné de chaque moment de la vie du père Henri Grouès, alias l'Abbé Pierre, qui deviendra au fil de ma vie mon modèle absolu en tant qu'être humain, de par ce qu'il a apporté au monde, mais aussi à travers son intelligence et sa gentillesse qu'il a véhiculé tout au long de son existence.

Puis, en ne cessant de chercher des réponses sur la route qui mène à la sagesse, j'ai découvert une valeur élémentaire pour l'évolution de n'importe quel individu sur la voie du bien, et cette dimension si essentielle qu'elle en est devenue une obsession, c'est bien naturellement l'humilité.

À une époque où le mensonge dirige une grande partie du monde, où la haine et la jalousie ont inondé l'esprit des êtres humains, les rendant méfiants les uns vis-à-vis des autres en créant des dissensions entre amis et membres de la même famille, j'ai vu à quel point il est devenu si difficile de faire preuve d'humilité, envers nous-mêmes tout d'abord, puis envers ceux qui nous entourent.

Qu'on se le dise, aussi riche et puissant que nous puissions être, nous ne sommes que des femmes et des hommes limités, et de surcroît destinés, comme le cycle de la vie nous l'impose, à rendre l'âme dans un avenir déterminé.

Et puisque nous sommes destinés à mourir, alors cela signifie que nous sommes vulnérables, faibles et minuscules devant l'immensité de l'univers, quels que soient nos titres et nos diplômes, la taille de nos maisons ou de nos voitures, ce que nous possédons dans notre compte bancaire et ce que nous sommes capables de nous offrir, quelles que soient les îles paradisiaques où nous passons nos vacances et ce que nous partageons sur nos réseaux sociaux, et quelle que soit notre apparence donnée, en vérité, nous sommes infimes devant l'Histoire, et nous le resterons indéfiniment.

Parfois, il me semble important de prendre du recul sur le monde, de ne pas laisser le matérialisme et la course aux richesses me faire sombrer dans les profondeurs de l'aliénation à la consommation, car en réalité, nous pouvons être plus intelligent que cela et lutter pour ne pas être piégés, car sur l'autoroute du bien et du mal, il ne suffit que de volonté pour prendre le droit chemin.

D'une manière générale, je lutte contre l'attitude qui est celle de se croire plus grand que ce que l'on est et de s'imaginer plus fort que tout, ou encore plus intelligent que n'importe qui ; à vrai dire, je ne supporte plus l'arrogance qui prédomine dans l'espace public, car malgré toute la patience qui est la mienne, je n'accepte plus qu'on ne puisse pas atténuer nos paroles et nos discours, notre comportement et nos actions, et qu'on laisse la cruauté du capitalisme, dans toute sa complexité, nous noyer au fond du prisme de la superficialité.

La véritable humanité, et ce dans toute sa beauté, c'est en Afrique que je l'ai vue pour la première fois.

Face à des femmes et des hommes affaiblis par la pauvreté et la misère, dans un contexte difficile, j'ai aperçu l'humanité apparaître en large format, où des gestes de gentillesse et d'affection sont venus atténuer l'image que je m'étais faite de l'être humain, cruel et hypocrite à la fois.

De par des sourires interminables, j'ai entrevu une part du paradis, où l'extrême pauvreté n'a pas empêché de pauvres gens de continuer à vivre avec humilité, amour et compassion, et quel que soit le sort de leur destinée, cela m'a fait redescendre sur terre ; désormais, j'étais persuadé que je n'étais personne, ni plus fort ni plus intelligent, ne sachant véritablement rien de ce monde avant de connaître l'Afrique. Dès lors, ma vie allait changer à tout jamais.

Après avoir voyagé à travers de nombreux pays du tiers-monde et ayant vu ce qu'était la misère totale, je suis rentré en

France où, à Paris, j'ai continué de constater à quel point tous ces citadins de la capitale française vivaient dans un monde parallèle, à se vanter jour et nuit de gagner tant d'argent, d'avoir tel métier et d'être suivi par tant de followers sur les réseaux sociaux, parce que mon cœur était resté dans les bidonvilles d'Afrique lorsque je partageais des moments de sociabilité en France, c'est là que je compris qu'il y avait manifestement un malaise et un décalage entre ces deux mondes opposés, entre leurs discours et leurs aspirations, entre celui du consumérisme occidental et celui du monde pauvre.

La différence, au-delà même de la richesse et de la pauvreté, du confort et de la misère, s'accentuait autour d'une valeur centrale : l'humilité.

Il y a tant d'arrogance sur les terres du Nord, où l'on croit tout savoir de ce monde, persuadés que la richesse monétaire fait la sagesse du cœur et la grandeur de l'esprit, alors même qu'il n'en est rien, parce que si l'Occident a atteint des sommités dans les domaines de la science et de la technologie, j'estime qu'elle n'en est encore qu'à l'état primitif de l'humanisme et du bon comportement.

En revanche, dans les ruelles les plus défavorisées du monde, au cœur des bidonvilles de Tamale, entre saleté, désolation et tristesse, j'ai entrevu les populations les plus évoluées qui soient dans les domaines liés à la compassion, à la gentillesse et à l'humilité.

En Afrique, j'ai pris un bain d'humanité, cela a purifié en moi tout ce que la société du libéralisme économique avait imbibé dans mon corps et mon esprit, me détachant des réelles préoccupations de notre civilisation et ne faisant de moi qu'un simple sujet de consommation, ni plus ni moins.

Désormais, sur le chemin qui est le mien, je veux être plus responsable, me perfectionner sur le plan de l'éthique, de la morale, de l'amour et de la charité.

J'ai appris à relativiser considérablement l'homme que j'étais, tout comme le confort dans lequel je vivais, parce que ni les lumières de Paris ni la tentation de la consommation à outrance n'auront réussi à m'extirper de ma mission sur terre, celle de revenir à l'essentiel et au sens de la vie elle-même, qui n'est rien d'autre que d'aimer et aider les plus démunis.

Dans la banlieue de Bamako, au Mali, je fis la connaissance de Maimouna ; avant ce moment, je ne savais pas trouver les mots pour définir ce que signifiait l'humilité, mais après ce long après-midi à ses côtés, j'eus les yeux pétillants, le cœur porté vers une nouvelle perception de la vie, sur le chemin de l'amour véritable et de l'authenticité.

Maimouna, à 69 ans, a voué sa vie entière à venir en aide aux personnes malvoyantes, à travers une prise en charge sociale et administrative, mais aussi par des activités artistiques, de sport et de loisirs, elle a accompagné des milliers de personnes pour qui la vie, au-delà même de la pauvreté, est profondément difficile.

Elle vit dans une petite maison de bois où elle fait chauffer son lait à l'ancienne, ne se nourrit que de l'essentiel et passe son temps à prier et à louer le Créateur de tout.

Maimouna est une femme comblée, elle a connu l'amour, la gentillesse et la bonté de son peuple, et malgré des blessures qui ont cicatrisé avec le temps, elle n'a cessé de combattre l'hyper-matérialisme du monde contemporain afin de rester fidèle à elle-même et aux principes de ses ancêtres.

De sa vie, elle a aidé plus de personnes à elle seule que ne l'ont fait certaines des plus grosses structures associatives de son pays, elle a changé le monde en quelque sorte, mais quoi qu'il en soit, Maimouna est bien trop humble pour le reconnaître.

NAÏL DE SARAJEVO, AU SENS DE LA GÉNÉROSITÉ

Le plus grand talent de la littérature française, M. Antoine de Saint-Exupéry, a écrit :

« Et si l'on peut te prendre ce que tu possèdes, qui peut te prendre ce que tu donnes ? »

Des années durant, au cœur de l'action humanitaire directe auprès des populations à travers le monde, je n'ai cessé de sensibiliser le plus grand nombre de personnes possible sur la situation aggravante du monde pauvre.

De par des entretiens accordés à une presse diversifiée en Europe, aux États-Unis et en Afrique, en français, en arabe et en anglais, et ce sous différentes formes, j'ai essayé de trouver les mots les plus adéquats pour dessiner le malheur des plus démunis et avoir un véritable impact afin de permettre, à mon échelle, une plus grande répartition des richesses.

Si l'action humanitaire est un immense chantier où les besoins seront toujours à combler, il va sans dire que le travail de sensibilisation envers les populations des pays du Nord est également important, difficile et souvent épuisant, mais littéralement essentiel afin de générer une plus grande disparité des capitaux.

Et puis, au fil des années, j'ai choisi de prendre ma plume pour essayer de la façon la plus simple et la plus authentique possible de délivrer un message de fraternité et d'humanisme à mes contemporains, afin d'alerter sur les dangers du consumérisme moderne et de la machine mortifère que représente le capitalisme financier.

Page après page, chapitre après chapitre, j'ai souhaité revenir sur l'essence même du partage des richesses et de la générosité, afin de redéfinir à ma manière certaines dimensions fondamentales de notre civilisation.

J'ai tout d'abord pensé la générosité, puis j'ai vécu réellement la générosité, et enfin, avec les mots qui sont les miens et le pragmatisme tel qu'à l'accoutumée, j'ai souhaité transmettre l'esprit du partage des richesses.

Le fait de donner de temps à autre dans le but de se donner bonne conscience ne me semblait être une solution viable sur le long terme ; en effet, et depuis mes débuts dans l'engagement humanitaire, j'ai toujours fait le choix de sensibiliser au maximum sur la situation sociale à travers le monde, en expliquant humblement et simplement pourquoi il était si important de partager et, par-dessus tout, à quel point il est si essentiel de ne jamais s'arrêter.

En effet, la recherche de la bonne conscience n'est certainement pas adéquate à la situation, et ce pour une raison simple : le partage des richesses et l'action humanitaire sont un engagement au service du monde, cela va bien au-delà de notre propre personne.

Ainsi, lorsque l'on comprend que donner de son temps ou de son argent pour les plus démunis est avant tout une aide apportée, un bien-être dans le quotidien de personnes qui vivent dans une précarité manifeste, alors, quel que soit ce que nous donnons et quel que soit l'impact sur nos dépenses, quitte à perdre de la richesse monétaire, notre âme, notre conscience et notre esprit s'enrichiront de façon considérable, et ce jusqu'à la fin des temps.

Encore une fois, il est question de la richesse véritable, de la femme et de l'homme que nous devenons au fil des années et de l'héritage réel que nous transmettrons aux futures générations.

En réalité, ce n'est qu'après avoir sondé le monde et acquis une expérience manifeste dans la dimension de la charité universelle que j'ai compris que le don et la redistribution des richesses ne sont pas seulement du partage d'argent, de biens et de moyens, et que cela va bien au-delà d'une simple redistribution matérielle.

En effet, chaque pièce de monnaie partagée et chaque billet monétaire redistribué, c'est un sacrifice de soi, du cœur, de la foi et de la conscience, c'est un pas vers tous ceux qu'on ne connaît pas, qu'on ne connaîtra sûrement jamais d'ailleurs, des femmes et des hommes de paix, pour qui la vie est souffrance et maladie, des êtres destinés à la misère.

Chaque action que l'on fait pour notre prochain est un geste d'amour, il faut savoir lire entre les lignes pour le comprendre et prendre du recul sur le sacrifice matériel pour apercevoir l'humanité qui s'y cache, où l'argent, dans toute son utilité, ne servira finalement qu'à apporter une forme de dignité dans ce monde et apaiser des âmes fauchées par l'injustice sociale.

Désormais, je n'évoque plus seulement le don, je ne parle que d'engagement véritable.

Parce qu'enfin, il est évident que tous les donateurs qui participent à la contribution de projets sociaux aux quatre coins de la planète sont de véritables acteurs humanitaires à part entière, ils ne sont plus seulement ceux qui finance, qui donnent de leurs biens et mettent leur main à la poche, en réalité, ils sont de réels activistes du partage, conscients de la misère du monde, et sans eux, nous serions littéralement plongés dans le néant.

Donner, c'est ne rien attendre en retour, parce qu'encore une fois, cela va bien au-delà de notre propre personne, et si nous attentons un remerciement, un geste d'affection, un sourire ou quoi que ce soit d'autre venant de la part de ces milliers de bénéficiaires qui ne survivent que par le partage des richesses, alors finalement, nos intentions n'auront pas été si saines que cela.

Cependant, ce que nous aurons en retour, c'est un peu plus d'égalité, une certaine forme de dignité et un rééquilibrage des rapports sociaux, notre partage n'est pas un acte héroïque parce que nous ne sommes pas des héros, nous ne sommes que des êtres humains au service d'êtres humains, rien de plus, rien de moins.

Sur la route de l'engagement solidaire, j'ai essayé tant bien que mal de sensibiliser le plus grand nombre d'esprits sur la nécessité de donner, de partager et de s'engager sur le terrain, et sans même le savoir, grâce à la persévérance du cœur et une compassion profonde, j'ai su comment fidéliser une grande famille qui n'a cessé de m'accompagner sur ce chemin à sens unique qu'est celui de l'engagement solidaire.

C'est grâce à ces femmes et ces hommes que j'ai pu atteindre plus de 71 pays à travers le monde, faisant en sorte que les opérations humanitaires soient presque quotidiennes, et ce tout au long de l'année, d'hiver comme d'été, dans la difficulté et les risques sanitaires, auprès des populations de toutes origines ethniques et de toutes confessions possibles.

Sur le chemin de la générosité, j'ai tellement dépensé, qu'il s'agisse de mon temps, de mon énergie et de mes émotions, mais aussi de mes propres biens, j'ai donné sans compter, sans jamais penser à mon confort personnel ni à celui de mes proches, je n'ai gardé en ligne de mire que ceux qui souffrent réellement à l'autre bout du monde, ceux qui ne savent pas s'ils pourront se nourrir, se vêtir ou se laver à la fin du jour, et enfin, je me suis noyé dans les profondeurs de l'action sociale ; depuis, j'ai la sensation que mon cœur s'est apaisé et j'ai aperçu une part de l'amour authentique sur les braises de l'action humanitaire, alors rien que pour cela, je ne regrette rien de la vie qui fut la mienne.

J'ai vécu durant plusieurs mois en Bosnie-Herzégovine, tout d'abord à Travnik, puis à Sarajevo, où, dans le cœur des Balkans, j'y ai trouvé une sorte de plénitude perpétuelle.

Là-bas, sur cette terre qui est devenue mon pays d'adoption, j'ai fait la rencontre de Naïl, 33 ans, avec qui je partage une amitié sincère et profonde depuis plus d'une décennie.

Sportif, souriant et ouvert sur le monde, il m'a fasciné durant tant d'années, car durant si longtemps j'ai souhaité lui ressembler, il était tout ce que je n'étais pas, mature bien avant moi, plus intelligent, plus malin, plus sociable même, en vérité, il était l'homme moderne dans toute sa diversité.

Mais au-delà de cela, il y avait chez lui une forme d'authenticité que je ne pouvais expliquer, peut-être parce qu'il était versé depuis sa plus tendre adolescence dans l'engagement associatif, et ce aux quatre coins du pays, apportant amour et sourires aux enfants orphelins, partageant son temps entre les hôpitaux et les orphelinats, distribuant des vêtements, des jouets et des médicaments, il avait transmis de tout son être pour rendre plus supportable le quotidien de ces milliers de petits anges, meurtris par la vie.

Très jeune, dès mes 21 ans, j'ai souhaité devenir l'homme qu'il était, je voulais tout comme lui être porté par la générosité et l'amour des autres, ne pouvant accepter de vivre dans un mensonge perpétuel et dans une vie qui n'était pas la mienne, alors, tout comme Naïl, j'ai rapidement pensé à l'action humanitaire.

Il me faudra plusieurs années avant de faire ce premier pas qui me plongera dans un engagement constant, mais sans Naïl, mon horizon, que serais-je devenu ? Aurais-je eu le déclic nécessaire ?

Je n'en suis pas certain.

En vérité, c'est à Sarajevo, auprès d'un ami cher à mon cœur, que s'est dessinée dans mon esprit l'image de la générosité, dans toute son authenticité.

TATIANA DE VARSOVIE, ENTRE LE BIEN ET LE MAL

Le poète anglais Edward Young a écrit :
« Combattre le mal avec fermeté, soutenir le bien, voilà toute la science du bonheur. »

Au-delà de l'action humanitaire directe, la prise de conscience d'un monde pauvre et discriminé me paraît essentiel, ce même univers où cohabitent les plus défavorisés qui soient, les malades, les analphabètes, les handicapés et, de façon plus générale, ceux qui vivent une misère sociale chaque jour de l'année.

Par conséquent, j'estime qu'il en va du bien-être de notre conscience individuelle de comprendre la douleur de ceux qui souffrent, parce qu'avant même d'agir, de partager et de tendre nos cœurs et nos mains vers les plus nécessiteux, il est impératif de prendre le temps nécessaire pour comprendre la douleur de ces femmes et ces hommes, avec respect et humilité, toujours.

Et puis, dans l'écoute et la compréhension, se situe la nuance entre ce qui est juste et ce qui ne l'est pas, parce que depuis notre plus tendre enfance, nous avons appris à déterminer l'éternelle différence entre le bien et le mal.

Ce contraste, parfois très fin, ou parfois très large, en fonction des différents sujets, est l'essence même de notre vie et le moteur de notre réussite morale, éthique et spirituelle.

Très jeune, j'ai appris à différencier les méchants des gentils, et au fond de ma bulle identitaire que je m'étais jadis construite, entre les drapeaux, la couleur de peau et la religion, j'avais entamé un premier processus de réflexion qui m'amènerait à différencier ce qui doit être chéri parce que bon, de ce qui doit être combattu parce que néfaste à mon épanouissement.

Ainsi, à une époque bercée par l'ignorance, le manque de rencontres et d'analyses approfondies, je voyais en l'homme blanc et occidental la représentation du mal absolu, responsable de tous les malheurs du monde, de la guerre en Irak au conflit israélo-palestinien, du nazisme jusqu'à l'OAS et la bataille d'Alger.

J'étais devenu intellectuellement agressif lorsqu'il s'agissait de définir l'homme blanc et occidental, et dans ma grille de lecture, je haïssais l'Amérique et son néolibéralisme assumé ; par ailleurs, enfant de la conscience africaine, je détestais la France pour son histoire coloniale et pour n'avoir laissé en Afrique que des plaies qui ne se referment pas.

Le jeune adolescent que je fus frôlait le racisme sans s'en rendre compte, mais aussi une forme d'antisémitisme primaire et une haine de l'autre en réaction aux douleurs de mon peuple, d'Algérie et d'Afrique en général, parce que mes frères sénégalais, maliens, togolais ou centrafricains ne cessent encore aujourd'hui de vivre dans la misère la plus terrifiante.

Au fil du temps, de nombreuses nuances sont venues atténuer mes jugements, apaisant mon esprit tout en me permettant de regarder vers de nouvelles directions, à travers ma rencontre avec le soufisme dans un premier temps, où je me suis dépouillé de tout ce qui avait noirci mon âme, à savoir la haine, la rancœur et la vengeance.

Très tôt, avant même l'âge de 20 ans, les premiers ouvrages d'Abu Hamid Al Ghazali et d'Avéroès, puis les poèmes de Rumi m'ont permis de m'assagir et de chercher dans la nature de l'être humain ses forces et ses qualités.

En redéfinissant l'amour avec un grand « A », j'ai réécrit une page de mon histoire en allant identifier le bien où qu'il se trouve, que ce soit chez les blancs, les noirs, les berbères ou les arabes, mais aussi chez les juifs, les chrétiens ou les musulmans, qu'il s'agisse de spiritualité ou d'un athéisme profond, ce qui m'intéressait par-dessus tout était de devenir une meilleure personne, plus responsable et plus utile au bien commun, laissant de côté le prisme de l'origine, de la religion ou de la politique.

C'est ainsi que le discernement entre le bien et mal prit une tout autre allure à mes yeux, et en tant que croyant musulman, je me sentais plus proche de la pensée de l'abbé Pierre que de nombreux fondamentalistes coreligionnaires, tandis que chez ceux que j'avais appris à détester, j'y trouvais désormais de la sagesse, du savoir et une sacralisation de la vie humaine.

Ainsi, je fraternisais avec les adeptes de la foi bouddhiste qui m'apprenait à revenir aux origines même du tout, à l'opposé du rien.

Dans la profondeur du discours d'Albert Camus et dans chaque syllabe de Victor Hugo, je devenais un citoyen du monde, humain avant toute autre considération et me réclamant dès lors de l'humanisme authentique, amoureux de la pensée de Cheikh Anta Diop et de celle d'Aimé Césaire, je dépassais les frontières de ma belle Algérie pour m'identifier à la grandeur de l'Afrique, appartenant à une histoire de liberté, d'égalité et de fraternité des êtres humains.

Le bien, c'est ce qui rapproche les peuples malgré leurs différences, à l'image de ceux qui luttent corps et âmes pour le dialogue et la compréhension, c'est également le pacifisme et sa dimension de la non-violence.

Le bien, encore une fois, c'est la recherche de la vérité, de la compassion et de l'empathie envers la détresse humaine, mais aussi le recueillement envers toutes les victimes de la barbarie humaine, sans distinction de nationalité, de couleur de peau ou de religion.

Enfin, je définis aujourd'hui le bien par l'impact positif qu'il génère sur l'humanité, par la contribution d'un monde meilleur, à la fois de paix, d'égalité et de fraternité.

Le mal, quant à lui, c'est naturellement l'indifférence, la haine et la violence, c'est ceux qui répandent le sang aux côtés de ceux qui en financent le coût, mais aussi ceux qui, de leur canapé, dans le confort d'un téléphone à la main, cautionnent le crime.

Le mal, par ailleurs, c'est également la trop grande richesse de certains groupes d'individus, la surconsommation, l'hypermatérialisme et la démesure à outrance.

C'est d'ailleurs dans le manque de partage, de charité et d'engagement humanitaire que j'ai aperçu les fleurs du mal, où les plus démunis sont laissés à leur propre sort pendant qu'au sein de nos foyers occidentaux, nous pensons à dépenser sans arrêt, à nous amuser indéfiniment et à user de la consommation sans aucune conscience des répercutions sur l'équilibre des rapports sociaux et de la chaîne alimentaire.

Moi qui suis croyant, qui dépense de mon énergie pour trouver des réponses métaphysiques à mes questions les plus existentielles, je ne crois pas au concept de l'hérésie, en vérité, je ne connais que le bien et le mal, de celui qui contribue à un monde meilleur à celui qui ne fait que nuire au vivre-ensemble.

Tout le reste ne me paraît que superficiel, il ne reste plus que des mots et des attitudes pour se donner bonne conscience.

Ainsi, c'est dans cette nouvelle conception de la vie que j'ai redéfini mes cartes, sachant ainsi qui seraient mes nouveaux amis et ma nouvelle famille, et puisque je ne conçois pas la spécificité d'un ennemi humain, de ce fait, je saurais alors qui seraient mes nouveaux adversaires, à la fois intellectuels et philosophiques, mais toujours dans le cadre d'un pacifisme profond.

En redéfinissant le bien et le mal, et en faisant de la lutte contre l'extrême pauvreté le combat d'une vie, j'ai réappris à comprendre le monde dans lequel je suis, en adaptant ainsi cette nouvelle approche philosophique sur le terrain de l'engagement humanitaire, car si j'avais indéniablement changé intérieurement, il était temps que le monde le voie extérieurement et qu'il en soit impacté d'une façon directe, non pas à travers un meilleur comportement ou un discours plus raisonné, mais par des actions humanitaires de terrain, à la fois concrètes et perceptibles.

Lors d'un évènement social organisé en Autriche au cours de l'année 2012, je fis la connaissance de Tatiana, qui du haut de ses 48 ans avait fui la misère des banlieues de Varsovie.

Professeur de français dans plusieurs universités allemandes, elle avait gravi tous les échelons de l'ascension sociale pour atteindre son but ultime, celui d'enseigner et de transmettre un savoir aux futures générations.

Tatiana est juive, issue d'une histoire familiale tragique qui s'est dessinée dans les camps d'Auschwitz, elle a connu elle-même l'extrême pauvreté, la faim, la soif et l'insalubrité des ghettos polonais, mais en tant que femme, fière et forte, elle n'a cessé de croire à de meilleurs lendemains.

Elle quitta à 20 ans sa Pologne natale pour rejoindre les bancs des écoles françaises, puis, après s'être mariée, elle a elle-même donné la vie et prolongé la généalogie familiale, qui dans les années 40 connaissait la mort, et désormais célébrait la vie.

Tatiana n'a aucune rancœur à propos du passé, car l'histoire est ce qu'elle est, alors, elle a pardonné à l'inhumain pour se rapprocher de sa vérité, celle du partage et de la compassion.

À la fin de ses études et avant d'entamer une carrière d'enseignante, elle a décidé de s'engager au service des enfants autistes partout à travers l'Allemagne, et en parallèle de son travail, a mené des luttes concrètes pour apporter du soutien et de l'écoute aux familles de ces enfants dont la vie est quotidiennement difficile.

En Allemagne, dans le berceau du nazisme, elle a contribué à rassembler par le dialogue, l'action et l'amour qu'elle transmet, elle n'a cessé d'être utile pour une noble cause, peu importe le passé, la terreur et le génocide de son peuple, elle sait mieux que quiconque ce que signifie le bien et le mal, parce qu'inscrit au cœur de son patrimoine génétique, elle a vécu avec cette lutte intérieure depuis plus d'un demi-siècle.

Pourtant, Tatiana a fait un choix, celui du bien, et ce pour l'éternité.

SAMUEL DE NAIROBI, L'ÂME COURAGEUSE

Le romancier québécois Pierre Billon a écrit :
« Le courage est le prix de la dignité. »

D'Alger à Bogota, ou de l'Afrique du Nord à l'Amérique du Sud, dans chacune des opérations humanitaires que j'ai supervisées au cours de ces dernières années, d'hiver comme d'été, j'ai entrevu dans l'attitude des tous ces bénévoles de terrain une force exceptionnelle, le cœur apaisé de pouvoir apporter un minimum de dignité dans la vie de tous ces pauvres gens, meurtris par la vie et au destin fauché par la misère sociale.

Et puis, au-delà de l'amour et de la compassion, j'aperçus une attitude commune chez tous ces travailleurs de l'ombre, quelles que soient leur origine ou leur situation sociale, je fus frappé par leur courage exceptionnel face à l'adversité que représente la pauvreté et les inégalités structurelles du libéralisme économique.

Le courage, il en fallut à tous ces bénévoles pour se rendre dans des régions submergées par les maladies les plus dangereuses qui soient, les guerres et les conflits en tous genres, par les pandémies et les risques de mort directe, au nord du Mali comme dans les ghettos de Medellín, en Colombie.

Face à la difficulté, la fatigue et parfois le ventre vide, parce que la plupart des bénévoles avec qui j'ai pu œuvrer sur le terrain sont également de ceux qui souffrent et font partie intégrante de la misère locale.

Jour après jour, opération après opération, à l'ombre de tous et loin des projecteurs, des réseaux sociaux et de la médiatisation, à des années-lumière de l'hyper-matérialisme occidental et de ses conséquences, ces femmes et ces hommes, sans rien gagner en retour, n'ont cessé d'apporter leur aide aux populations les plus vulnérables.

Toutes ces belles âmes font aujourd'hui partie de ma famille proche, et quoi qu'il en coûte, je serai présent pour eux comme ils le furent pour moi, ils sont mes sœurs et mes frères en humanité, et jusqu'au dernier souffle de mon existence, je continuerai de les aimer d'un amour enivrant.

En analysant le comportement de tous ceux qui changent la vie des autres, que ce soient les médecins, les infirmiers, les aides-soignants, les pompiers, les policiers ou les secouristes, qu'il s'agisse des acteurs sociaux, du militantisme écologique aux activistes humanitaires de terrain, ceux pour qui la vie se résume à sauver le monde quotidiennement dans l'anonymat le plus complet, j'ai identifié un courage manifeste comme vecteur commun à toutes ces vocations, et j'ai ainsi redéfini le mot « courage » et sa signification pour lui donner une dimension plus profonde encore.

Par conséquent, il m'a semblé que pour changer le monde et avoir un véritable impact, il fallait accepter l'idée d'un sacrifice de soi, de piocher dans la difficulté personnelle la force d'avancer contre vents et marées, ainsi, il s'agit d'une lutte qui se doit d'être totale, quitte à affronter la peur, la fatigue, la maladie, ou même la mort s'il en est.

Cette conscience du sacrifice ultime allait me rendre indéfiniment plus fort que je ne l'avais jamais été, et par-dessus tout, plus courageux encore que je ne pensais l'être.

Parce qu'à la fleur de l'âge, lorsque ceux de ma génération pensaient à l'avenir, je m'étais déjà fait à l'idée de rendre l'âme plus tôt que prévu, et sans même le savoir, en acceptant la mort comme horizon imminent, en vérité, je célébrais la vie.

À l'image d'un René Guenon, j'ai grandi en Occident sans pour autant me détacher de « l'esprit traditionnel » de mes ancêtres, celui-là même qui m'a appris à vivre avec la perspective d'une fin, et même d'une vie après la mort.

Lorsque, résigné à accepter de mourir un jour, je savais qu'il m'appartenait de vivre sans aucune peur et aucune crainte d'un avenir qui, jusque-là, ne serait que le pur produit de mon imaginaire.

Ainsi, si demain n'existe pas et que la mort approche, alors je ne peux ressentir aucune peur, et c'est ainsi que de fil en aiguille s'est construit en moi le courage nécessaire pour affronter toutes mes appréhensions de ce monde et, avec force et détermination, que j'ai pu ouvrir des portes que je pensais fermées à jamais.

Le courage, c'est ce qui m'a permis d'entrevoir le rapprochement des peuples, en organisant des repas et des activités entre chrétiens et musulmans à Bangui, en Centrafrique, puis entre les policiers et la population des ghettos de Sucre, en Bolivie.

Ce même courage, c'est celui-là même qui m'a fait croire en des réconciliations inimaginables entre Palestiniens et Israéliens, ou entre hindous et musulmans sur les terres de l'Inde et du Népal.

Par l'action humanitaire directe, de la distribution de denrées alimentaires et de fournitures scolaires, de la construction de forages et de reboisements de terres arides, dans la distribution de médicaments en Amérique du Sud et de produits sanitaires de première nécessité au nord du Congo, dans l'utile et l'essentiel, à travers des gestes d'humilité et d'affection, des femmes et des hommes de paix se sont ainsi rassemblés, ne serait-ce que le temps d'un court instant, autour d'un moment d'humanité.

Aujourd'hui, avec le recul nécessaire, j'ai conscience que sans courage, je n'aurais certainement atteint aucun de mes objectifs, comme lorsque dans mes débuts dans l'engagement humanitaire, la plupart de ceux qui m'entouraient ont souhaité me dissuader de prendre le chemin du partage et de l'action directe, qui, selon eux, ne m'aurait apporté ni intérêt social ni profits financiers, et pourtant, ce sont bien ces mêmes personnes qui désormais souhaitent faire partie de mes organisations et, qui plus est, ne cessent d'applaudir mes démarches de réconciliations à travers le monde.

Le courage, il m'en faudra davantage pour continuer sur le chemin de l'engagement qui est le mien, plongé dans les difficultés et les remises en question perpétuelles, dans la maladie et la tristesse, je ne devrai jamais mettre un genou à terre, il en va de mon honneur, tout comme celui de la dignité du monde pauvre.

Peut-on changer le monde sans être courageux ?

Qu'il s'agisse des poilus, des combattants de la libération, des moudjahidines algériens et des valeureux guerriers vietnamiens, qu'il s'agisse de ces aides-soignantes, parfois mères célibataires, qui se lèvent à 6 h du matin au milieu de l'hiver glacial pour sauver des vies, il en faut bien du courage pour surpasser les difficultés, et ce quotidiennement.

Et pour ceux qui décident de donner de leur propre argent pour partager et redistribuer aux plus démunis, il est nécessaire d'être brave pour accepter de diminuer sa propre fortune sans rien avoir en retour, tout comme il faut de l'audace pour se priver afin de nourrir l'assiette d'un autre, par conséquent, c'est au cœur de cette dimension que l'on trouve la force de devenir une meilleure personne.

En plein de cœur de Nairobi, il y a un homme de paix comme il n'en existe que très peu, plus fort et plus courageux que le plus grand des êtres humains, un homme de verbes et de poésie auquel je voue une admiration exclusive, lui, l'homme à la bonté si manifeste, c'est Samuel.

À bientôt 40 ans, il n'est pas un citoyen ordinaire aux yeux du système kenyan, non pas parce qu'il est pauvre et démuni, mais parce que Samuel est handicapé.

Privé de ses jambes, il a passé la plus grande partie de son existence à se déplacer dans un fauteuil roulant.

Un jour, alors qu'il rentrait de l'école avec ses camarades de classe, il fut littéralement fauché par un camion de marchandises lancé à vive allure.

Après plus de trois mois d'hospitalisation, les médecins se sont soumis à l'idée d'amputer les jambes de ce si bel enfant, et lorsqu'il m'en parle encore aujourd'hui, il se rappelle les larmes du médecin lorsque, dans cette petite chambre d'hôpital, il dut annoncer la terrible nouvelle à ses parents.

Sa vie en fut totalement bouleversée, car le rêve de devenir un athlète de haut niveau s'était envolé, et dans le regard des autres, il savait qu'il ne serait plus un être ordinaire, ostracisé de tous et ignoré de ses propres amis, il en aura fallu de peu pour que le jeune Samuel mette fin à ses jours.

Et puis, au fil du temps, après une ultime dépression, et devenu adulte désormais, il voulait changer de cap, s'ouvrir au monde et toucher du bout des doigts ce qu'il appellera par la suite : le bonheur.

Travailleur social acharné, il a passé la moitié de sa vie à aider les plus démunis, en créant des structures de soutien alimentaire et de développement éducatif dans les quartiers les plus pauvres de Nairobi, chaque jour de l'année, sans aucun répit, Samuel a changé le monde, et ce sans même s'en apercevoir.

Dans la souffrance et la difficulté que représente le handicap dans un pays pauvre, il a lutté corps et âme pour rejoindre le clan des vainqueurs, ceux qui font partie du bien, à l'encontre de toute pensée victimaire et toute forme d'obscurantisme.

Samuel est mon mentor, un modèle que je chéris jour et nuit, parce qu'il représente la force, l'abnégation et par-dessus tout, et ce dans toute sa pureté, ce que j'appelle le courage.

YAHYA DE SANAA, L'HUMANISME AVANT LA RELIGION

L'un des plus grands penseurs africains de notre époque, le sénégalais Léopold Sédar Senghor, a dit :

« Cet humanisme intégral qui se tisse autour de la Terre, cette symbiose des énergies dormantes de tous les continents, de toutes les races qui se réveillent à la chaleur complémentaire. »

Quoi qu'il en soit, des origines qui sont les miennes jusqu'à mon histoire familiale qui s'est écrite au fil des décennies, je ne cesse de l'affirmer, moi qui suis soufi de pratique et d'initiation, la religion musulmane n'a jamais été et ne sera jamais le vecteur de ma motivation première dans l'engagement humanitaire.

Si, de fait, elle s'est parfaitement associée à l'engagement solidaire de par les valeurs qu'elle véhicule, ce n'est certainement pas dans la foi en Dieu que j'ai trouvé la force de venir en aide aux plus démunis, ni le courage et la détermination nécessaires, et ce n'est pas dans l'obsession d'un paradis éternel que je me suis pris de compassion pour les plus pauvres de ce monde.

En vérité, et aussi loin que je me souvienne, la religion n'a cessé d'être un espace intime et personnel en mon esprit, une sorte de bulle intérieure que j'ai protégée contre vents et marées, et où je me suis retrouvé pour me comprendre moi-même et comprendre le sens de l'amour véritable.

Mais malgré toute la profondeur ésotérique qu'offre le soufisme, je n'ai pas attendu de croire véritablement en Dieu pour œuvrer au service des plus défavorisés qui soient sur le plan social, car si cela avait été le cas, alors peut-être aurais-je été de ceux qui tendent la main à leur prochain pour la simple volonté d'une absolution divine et, de surcroît, d'une forme d'échange d'intérêts métaphysiques.

Je ne pouvais accepter l'idée que la générosité soit issue d'un calcul mathématique et qu'elle soit assujettie à un intérêt personnel, une sorte d'aide apportée en échange d'un pardon céleste, et si, en tant que croyant, j'ai évidemment conscience que la recherche de la miséricorde est inhérente à la religion, je ne peux tout de même pas croire que la compassion pour la misère humaine ne soit que le fruit d'un échange, qu'il soit spirituel ou non.

Parce que je n'ai jamais accepté d'être salarié de mon organisation et de gagner de l'argent de par mes activités humanitaires, et si je n'ai aucun intérêt financier à m'engager dans l'action sociale, ce n'est certainement pas pour me retrouver dans une autre forme d'échange, tout aussi calculé et tout aussi intéressé.

Au cœur de cette démarche intérieure qui fut celle de m'engager pour le bien commun, je n'ai cessé de creuser dans les ressources de mon esprit pour devenir un homme plus responsable et plus utile à la collectivité, et de regarder dans les yeux de ces femmes et ces hommes qui souffrent quotidiennement ; cette souffrance profonde est, de fait, la seule et unique raison qui me motiverait à porter assistance.

Parce que la générosité est avant tout la volonté d'aider sans rien attendre en retour, je ne pouvais me faire à l'idée que mes actions sociales à destination du monde pauvre me soient rétribuées, en argent, en biens ou même en pardon divin.

Il est évident que nombreux sont ceux pour qui la religion fut le vecteur de motivation principale à leur épanouissement au sein de la sphère humanitaire, et que sans Dieu, sans la croyance en une vie après la mort, ils n'auraient jamais accepté l'idée de dépenser de leurs biens et de leur énergie pour venir en aide aux personnes les plus défavorisées, et en ce sens, il est évident que la religion est d'une puissance sans limites, elle ouvre le cœur de ceux qui se sont fermés à l'essence même de la vie, celle de tendre la main à son prochain.

Mais avec le temps, je crois que l'humanisme doit l'emporter sur toute autre considération, parce que l'être humain doit être replacé au cœur de toutes les préoccupations, quelles que soient sa couleur de peau ou sa religion, il doit pouvoir être protégé et chéri, et ce pour la survie même de notre civilisation.

Quant à la religion, elle doit pouvoir être un soutien considérable dans l'espace privé, nous permettant d'être plus justes et plus sincères à chaque nouveau jour qui se lève, faisant de notre comportement un exemple à suivre en inspirant les jeunes générations et en faisant illuminer notre foyer d'une bonté manifeste.

Je n'ai jamais été un adepte d'une religion au cœur de l'espace public, parce qu'à notre époque, dans un monde de libre pensée et de libre circulation où toutes les communautés cohabitent ensemble, je ne peux croire en la domination d'un système théocratique, quel qu'il soit, et ce au cœur de notre espace commun.

Au 21e siècle, et au regard de la Déclaration des droits de l'homme et du citoyen, les êtres humains doivent être égaux devant une loi qui ne peut être qu'humaine, où la liberté individuelle doit pouvoir être un droit absolu et la dignité des individus une éternelle obsession collective.

C'est ainsi que l'humanisme peut s'exprimer librement dans une société moderne, ouverte sur le monde, ne faisant plus de différence entre les citoyens, quelles que soient la couleur de la peau, l'origine ethnique et la religion.

Rendons à Dieu ce qui est à Dieu, et à César ce qui est à César, si la foi religieuse est une démarche personnelle et intime, elle doit pouvoir le rester, et ce pour la sécurité et la dignité des croyants, des églises aux mosquées en passant par les synagogues et les temples, mais aussi dans nos propres maisons, l'esprit divin doit pouvoir être protégé sans jamais le mêler aux affaires séculières, parce que j'ai foi dans les vertus de la religion, ses principes et ses valeurs, et parce que tout ce qui est pur doit pouvoir être protégé et placé dans sa plus stricte intimité.

Le peuple algérien s'est battu contre le fondamentalisme religieux pendant plus d'une décennie, où plus de 200 000 personnes perdirent injustement la vie, et pour leur mémoire et celle de mes concitoyens, pour mes sœurs et mes frères, je ne peux imaginer que des hommes, soi-disant de foi, puissent encore m'obliger à être ce qu'ils souhaitent que je sois.

Alors, à l'image des miens et de ceux qui sont morts pour la dignité et la liberté de conscience, je ne cesserai de lutter avec mes propres moyens, à travers l'action humanitaire directe et le rapprochement des peuples, pour une société plurielle autour de laquelle l'humanisme représenterait la source de tout rapport humain, quelles que soient les différences de chacun.

Entre l'Ouganda, le Soudan du Sud, la République démocratique du Congo et la Centrafrique, la Lord's Resistance Army (LRA) du sanguinaire Joseph Kony, à son tour, souhaita imposer les Dix Commandements de la Bible à une grande partie de l'Afrique, tuant plus de 100 000 personnes et causant le déplacement de 2,5 millions de réfugiés, et ce dans des conditions apocalyptiques.

Aujourd'hui, à un âge de raison et après avoir sondé les différents coins du globe terrestre, j'en suis arrivé à l'absolue certitude que l'espace privé est le lieu le plus adéquat pour pratiquer sa religion dans les meilleures conditions, et afin de s'approcher au plus près de l'esprit divin et qu'il puisse y avoir une authentique connexion avec soi-même, dans la tranquillité et le repos, loin de tout.

La religion a fait de moi un adulte plus responsable, j'en suis convaincu, car c'est en adoptant les préceptes de ma foi que je me suis retrouvé et que j'ai entamé ce long chemin sur la route de l'absolution divine ; quant à mon engagement humanitaire, il n'a rien de spirituel, il n'est pas lié à la vie d'après, au Jugement dernier et au Paradis, mais seulement au présent et à ces gens qui souffrent atrocement, parce que mon action sociale en va d'une urgence absolue à laquelle je réponds, ni plus ni moins, et cela avec humanisme avant tout.

Je crois en la subtilité qui sépare la foi en Dieu de l'humanisme authentique, parce que la spiritualité représente un amour divin, inscrit dans une perspective de reconnaissance d'un être supérieur et d'une quête de la sagesse, tandis que l'humanisme authentique, c'est par-dessus tout l'amour des êtres qui nous entourent, et ce avant toute autre considération, sans calcul et sans attente d'une quelconque forme de rétribution, et de ce fait, de façon totalement désintéressée.

Au Yémen, dans la province de Sanaa, je me suis lié pour la vie à Yahya, devenu mon ami et mon frère à la fois.

Des milliers de kilomètres nous ont séparés lors des premières années de la vie, le destin nous a permis ensuite de nous rencontrer, de partager des sourires et d'interminables discussions ; par ailleurs, nous avons le même âge, mais j'ai pourtant l'étrange sensation qu'il a vécu plus longtemps, qu'il est plus sage et plus intelligent que je ne pourrais l'être.

Yahya n'a jamais connu une autre terre que le Yémen, il est attaché à ses racines et à son histoire, et parce qu'il aime son peuple d'un amour profond et authentique, il a voué son existence à voyager dans chaque camp de réfugiés et dans chaque village de son pays pour s'assurer que tout le monde ne manque de rien, et devant la famine qui frappe la région, traversée par la guerre et la misère, il distribue des denrées alimentaires, des sacs de fruits et de légumes presque quotidiennement, et ce depuis sa plus tendre adolescence.

Chaque nuit avant de se coucher, Yahya espère que toutes les êtres du Yémen trouveront le sommeil le ventre plein, il ne peut accepter la faim et la soif, elles lui sont insupportables jusqu'à le rendre malade, c'est ainsi qu'il est devenu, à mes yeux, le plus valeureux des combattants sur le chemin de la dignité humaine.

Il est radicalement Yéménite et profondément musulman, il n'a connu rien d'autre que la religion pour rythmer son univers social, et pourtant, il ne cesse de le clamer haut et fort, la foi en Dieu n'est pas à la base de son engagement humanitaire, il aide parce qu'il aime son peuple avant tout, ces femmes, ces enfants et ces personnes âgées qui souffrent continuellement, et s'il le faut, il donnera sa vie pour leur dignité.

JÉSUS DU GUATEMALA, AU SERVICE DE LA FAMILLE UNIVERSELLE

Le philosophe Abdennour Bidar a dit :

« Nous n'avons pas besoin de fraternités communautaires, mais d'une fraternité universelle. »

Il est vrai qu'en théorie, nous sommes censés être tous égaux devant l'Histoire, nos différences ne font pas de nous des êtres inférieurs ou supérieurs en quoi que ce soit ; quant à notre couleur de peau, fût-elle plus claire que celle de notre voisin, elle ne nous rend pas plus intelligents ni plus cultivés que quiconque.

Notre religion, par ailleurs, fût-elle descendue à Moise, à Jésus ou à Muhammad, ne fait pas de nous un privilégié, un avantagé du sang ou de la descendance, sur une terre où seuls le mérite et le comportement devraient primer sur le reste.

De fait, la légitimité ne peut se gagner que par une attitude saine les uns vis-à-vis des autres, quels que soient la position sociale des individus, les diplômes, les richesses, la notoriété ou l'influence, personne n'est supérieur à qui que ce soit sur la planète Terre.

Dans ce monde de l'hyper-matérialisme et de la course à l'ascension sociale, j'ai vu tant de favoritismes s'étendre, parfois identitaires ou même sans raison, parce que l'injustice structurelle des sociétés a permis à des femmes et des hommes d'avoir la chance de vivre du bon côté de la frontière, qu'elle soit territoriale ou sociale.

Je n'ai jamais pu accepter l'idée que ceux qui sont déjà plus riches, et dont le quotidien est manifestement plus confortable, puissent en plus de cela continuer sans cesse d'être avantagés sur le cheminement de l'existence.

Ainsi, et depuis de longues années désormais, je ne cesse de vomir la politique des castes, de voir les riches s'enfermer dans la bulle du privilège, et les pauvres, contre leur gré et leurs sentiments, repoussés dans les profondeurs de la précarité sociale, là où il n'y a que désolation, violence, fanatisme et détresse absolue.

Au cœur de la société moderne, où le progrès technologique a considérablement fait avancer notre planète, les êtres humains se sont infiniment divisés en fonction de la position qu'ils ont atteinte sur l'échelle sociale, de leurs différences liées à leur couleur de peau et à leur origine ethnique, mais également au regard de leur religion, entre coreligionnaires même, et ce en fonction des différentes sensibilités et des différents courants spirituels.

Au fil du temps et de la très grande variation des identités et des cultures qui composent la société, chaque détail est dès lors utilisé pour diviser les êtres humains, car les malvoyants en situation de handicap sont continuellement basculés dans l'univers des infirmes et des citoyens de seconde zone, et puis les albinos, quant à eux, ces êtres d'amour et de gentillesse, noirs à la peau blanche, sont ostracisés en Occident comme en Afrique, et chassés pour leur différence.

En Asie, ceux qui ont la peau plus claire, comme au Japon, vivent parfois avec une impression particulière d'être supérieur aux autres peuples asiatiques.

Aux États-Unis, il y a ces policiers qui violentent et massacrent les citoyens afro-américains pour leur éternel péché d'avoir une peau noire, et ce sur la terre même de Leo Strauss et du néoconservatisme.

En France, nous autres les Algériens, tout comme les peuples du Maghreb en général, descendants d'indigènes d'une terre colonisée et citoyens de seconde zone de la République française, ne cesserons de représenter « l'autre » dans les yeux condescendants d'une pensée nostalgique et dominatrice, celle qui regrette encore dans ses rêves les plus profonds le temps du général Aussaresses et du préfet Maurice Papon.

L'histoire et les récits souvent lugubres d'un temps passé continuent de construire des imaginaires de séparations, faisant de ces femmes et ces hommes, pourtant sœurs et frères en humanité, de parfaits inconnus et de véritables ennemis potentiels.

Je ne peux pas croire à l'idée d'une société de la crainte et de la méfiance ni à celle de la délation et de l'accusation systémique ; par ailleurs, je ne peux imaginer un seul instant que notre civilisation, dans toute sa profondeur et sa diversité, survivra au mal qui la ronge depuis tant de temps, celui du perpétuel soupçon d'autrui.

Plus tôt, à l'aube de ma vie d'adulte, je ne vivais que d'une intime conviction d'être un ennemi de la République française, de par ma religion et mes origines, à la fois sociales et ethniques, vivant avec cette insupportable douleur du concept d'infériorité devant ce pays que je croyais être une société fermée, de race blanche et de religion chrétienne.

Et puis, au fil des années, j'ai adopté jusque dans l'intimité de mon être l'idée qu'il n'existe pas de race blanche, comme il n'existe pas de race noire, que la France n'est pas chrétienne, tout comme elle n'est ni juive ni musulmane, que son histoire est donc complexe, et que la France de Potiers n'est pas celle de Constantine ni celle de Dakar ou de Pointe-à-Pitre.

Ainsi, devant l'abyssale pluralité que représentait l'histoire du pays où je suis né, j'entamais une lutte contre mes propres complexes identitaires, admettant que le mal s'inscrit parfois dans les détails et dans une analyse plus approfondie, et que mon voisin catholique pourrait en réalité être mon ami et mon frère, et qu'ensemble, nous pouvions cheminer vers un horizon identique, celui de la paix et de la cohésion sociale.

Puis, en voyageant dans le monde entier, du Mexique au Vietnam, de l'athéisme le plus authentique au christianisme le plus fervent, j'ai trouvé des points communs bien plus significatifs que n'importe quelles différences, à travers les intentions, à la fois de paix et d'amour, mais aussi de par le comportement, de bienveillance et de gentillesse, puis par le biais du regard, d'amitié et de fraternité, et enfin par les larmes, de tristesse et de joie.

En allant piocher dans le cœur de tout un chacun, j'ai identifié avec conviction l'essence de l'humanisme authentique, où toutes ces femmes et ces hommes d'amour et de paix se sont constitués membres de ma nouvelle famille, peu importent leurs différences et leurs spécificités, car désormais, ce qui me semblait être le plus essentiel serait, de fait, nos points communs et ce qui pouvait nous réconcilier.

Et au cœur de cette nouvelle proximité, à la fois de corps et d'esprit, j'ai retrouvé le plaisir de vivre et de sourire à mon existence, je n'étais plus algérien, africain ou musulman, le temps d'un instant, lorsque j'ai découvert l'humanisme véritable, je suis devenu avant tout humain dans le fond comme dans la forme, en intérieur parce que j'avais changé ma façon de concevoir le monde qui m'entoure, et en extérieur parce que j'avais décidé d'agir concrètement pour les peuples défavorisés du monde, pour tous ceux qui souffrent continuellement, de jour comme de nuit.

Par conséquent, c'est avec foi que j'ai adopté l'idée que nous sommes humains avant tout, membres d'une seule et unique famille, celle de l'universelle et de la communauté de destin, et que nos différences et nos incompréhensions les uns vis-à-vis des autres ne sont que le fruit du mal qui germe dans le monde contemporain, tout comme il en va également au sein d'une famille de même sang, où les liens sont parfois rompus à jamais.

Et au sein de la famille universelle, quoi que nous disions ou que nous pensions, nous resterons en réalité identiques, composés pour tous d'un corps, d'un cœur, d'une âme et d'un esprit, ainsi, nous sommes pour l'éternité les membres d'une même branche et d'une même racine commune.

Descendant du singe tel que dirait Darwin, ou descendant d'Adam comme l'affirmerait un monothéisme authentique, quelles que soient nos croyances et nos aspirations, nous avons connu la vie et nous connaîtrons la mort, parce qu'aucun de nous ne peut vivre sans cœur ou sans âme.

La dimension de la famille universelle m'a paru être l'une des plus importantes révélations de mon existence, avec pudeur et humilité, je peux affirmer qu'elle m'a propulsé dans une autre perspective et une réflexion différente, dont je juge les effets aujourd'hui bien plus sains et bien plus justes pour mon équilibre personnel, ainsi que pour le bien-être de la collectivité.

Sans cela, je n'aurais certainement pas été de ceux qui s'engagent pour la vie dans l'action humanitaire directe, et sans cela, encore une fois, je n'aurais pas à mon échelle contribué à un monde plus équitable.

Au Guatemala, je me souviens de ma rencontre avec Jésus, qui, à seulement 25 ans, m'a ouvert sur le monde comme personne ne sut le faire auparavant.

En plein cœur d'un pays pauvre, Jésus est un travailleur social de l'ombre, cela fait presque 10 ans qu'il a voué tout son temps à aider les plus démunis, de par des distributions de denrées alimentaires, de médicaments ou de vêtements décents, il est une sorte d'Abbé Pierre guatémaltèque, enivré d'amour et de compassion pour ses semblables.

Lui est chrétien, il porte bien son prénom, et pourtant, il vient en aide à tous ceux qui souffrent, de communautés religieuses ou de confessions diverses, peu importe la foi des autres, leur couleur de peau ou leurs positions politiques, car à ses yeux, un pauvre est un pauvre, un malade est un malade, un enfant est un enfant, et par-dessus tout, un cœur est un cœur.

Jésus est un homme de foi, mais comme il aime souvent me le rappeler, il est également un être humain appartenant à la grande famille de l'humanité, et ce avant toute autre considération, car ces femmes et ces hommes pour qui il dépense toute son énergie sont ses « Hermanas » et ses « Hermanos », et ce, quelles que soient les différences, car au Guatemala, l'esprit de famille continue de subsister.

LORENTA DU KOSOVO, L'ACUITÉ DE L'IMPACT

Le sociologue britannique Theodore Zeldin a écrit :
« Chacun d'entre nous peut avoir une influence sur les autres. »

Sur le chemin de l'engagement solidaire et associatif, il me paraissait impératif d'y trouver une forme de sincérité et de pureté qui ferait de mes actions réelles à destination du monde pauvre ce qui ne pourrait être effacé, parce que je souhaitais créer une œuvre humanitaire inscrite à l'encre indélébile sur le parchemin du destin.

Ainsi, jour après jour et au fil des opérations sociales qui se sont succédées à travers le monde, je construisais en moi l'idée d'être un homme d'action avant tout, avec cette perpétuelle obsession de changer le monde à mon infime échelle.

Pour cela, je me devais d'être constant dans mon combat pour la dignité des êtres humains, face aux doutes et aux difficultés personnelles que nécessite quotidiennement l'engagement humanitaire, et dans mon esprit, aucune trace de faiblesse ne pouvait y être ressentie, il était ici question de lutter contre mes propres vices et trouver en moi la force d'être plus fort que je ne l'avais jamais été, parce que dès lors, trop d'honnêtes gens comptaient sur moi.

J'ai alors accepté l'idée d'être submergé par la pression et les responsabilités, parce que lorsque l'on s'immisce au cœur de la misère humaine, nous ne pouvons plus faire de pas en arrière, nous sommes alors impliqués dans la recherche d'une ultime solution pour réduire cette souffrance universelle, et ce par tous les moyens nécessaires.

Face aux innombrables questions intérieures qui ont submergé mon âme, j'ai dû faire face à la difficulté, celle-là même qui m'a empêché de dormir tranquille en m'obligeant à chercher, dans d'interminables réflexions nocturnes, la résolution à la plus difficile des équations possible :

Comment éradiquer la misère sociale à travers le monde ?

Au-delà de la réflexion, des discussions et des débats, et au-delà même de la révolution des mots et des combats numériques qui envahissent les réseaux sociaux, je ne voulais pas être de ceux qui parlent et qui revendiquent ; en vérité, je souhaitais devenir un bâtisseur de projets concrets, avec une volonté interminable d'impacter positivement la vie de ces pauvres gens sans défense.

« Agir pour exister » était le titre de mon premier ouvrage, à travers lequel j'ai voulu définir le symbole de mon engagement, à la fois réel et palpable, de par des actions que personne ne m'enlèverait, car ce qui change la vie d'un être humain s'inscrit naturellement en lettres majuscules dans le marbre de la destinée, et dans la conscience de ceux qui le vivent comme une véritable libération.

Ainsi, je voulais alors agir pour exister, parce que l'action concrète était le chemin sur lequel j'allais emmener une multitude de femmes et d'hommes à travers le monde.

Ces sourires que j'ai vus à travers cet engagement social, tel que sur le visage de ces enfants du Népal, qui, à travers des activités de loisirs et des distributions de fournitures scolaires, m'ont bouleversé jusque dans mes profondeurs et firent palpiter mon âme peinée, celle qui avait souffert de ses blessures et de son histoire, et qui, désormais, verrait fleurir l'espoir d'un monde meilleur après chacune de ces opérations humanitaires de terrain.

Au Mali, dans les quartiers les plus défavorisés de Bamako, les opérations de nettoyage de certaines rues ravagées par l'insalubrité avaient réveillé un sourire d'espoir chez de nombreux habitants avec qui nous nous sommes liés d'amitié et de fraternité, nous promettant les uns les autres que ces activités continueront d'exister, et ce quotidiennement, pour la dignité de toute une population locale.

Dans la province de Mutare, au Zimbabwe, aux côtés de mes plus fidèles partenaires sociaux, à la fois ambassadeurs de mon organisation sur place et amis pour la vie, nous avons apporté un espoir dans l'esprit de ces centaines de personnes âgées qui vivent dans des foyers lugubres, délaissés par les autorités et oubliés de tous, et dans ce monde poussé à l'individualisme le plus cruel qui soit, nous avons voulu faire comprendre à ces femmes et ces hommes de sagesse qu'ils ne seront jamais seuls.

Au Venezuela, près de Merida, devant l'urgence sociale qui sévit auprès des populations les plus vulnérables, nous avons souhaité apporter des médicaments de première nécessité et offrir un minimum de confort aux populations, parce qu'il est évident que la santé est un enjeu majeur au cœur du monde pauvre.

Au Ghana, autour de la ville de Ho, la précarité du régime agricole ne nous laissait pas d'autre choix que de lancer de façon intensive des opérations de reboisement, dans le but d'apporter des fruits et des légumes aux populations locales, gangrenées par la faim et la soif du quotidien.

Dans la région du Sindh au Pakistan, face à la misère du monde et au cœur de l'un des théâtres sociaux les plus tristes qui soient, entre la sécheresse, la pauvreté et la désespérance humaine, nous prîmes la décision de lancer la construction de plusieurs centaines de forages afin de permettre à des populations totalement déshumanisées d'accéder à une eau saine plus facilement.

À travers tous ces pays et au fil du temps passé, je ne me souviens d'aucune opération humanitaire qui n'ait pas eu un impact significatif dans la vie de ces honnêtes gens, laissés à leur propre sort devant la cruauté du monde capitaliste et contemporain, je me rappelle avoir vu des rires et des larmes de joie, ainsi qu'une reconnaissance éternelle qui vaut bien tout l'or du monde.

Désormais, avec l'expérience, je compris que l'effet sur ces populations doit être radical et doit pouvoir changer leur vie, à court, moyen ou long terme, en fonction des situations et des moyens logistiques du moment, car si nos actions n'ont aucune conséquence dans la vie de tous ces pauvres gens plongés dans la misère sociale, alors tout ce que nous faisons n'a dès lors plus aucun intérêt.

Si j'ai adopté l'esprit philosophique qui mène à vivre profondément l'instant présent, c'est également pour ne plus penser au passé et délaisser l'avenir, avec cette volonté spécifique d'avoir un véritable impact, parce que chaque jour qui se lève est une formidable opportunité de changer le monde et d'apporter un sourire, un confort et une dignité, car c'est là que s'inscrit le sens de la vie.

D'ailleurs, je ne peux accepter la paresse quelle que soit sa forme, et aussi longtemps que la vie me donnera l'occasion d'agir pour le bien commun, je ne cesserai d'innover, de proposer et d'œuvrer sur le terrain, que je sois traversé par la douleur, la souffrance ou le deuil, j'ai promis à ma conscience de ne jamais mettre un terme à ce combat vital, celui de lutter contre l'injustice sociale et l'extrême pauvreté.

Dès lors, j'estime qu'il ne faut pas sous-estimer le poids d'une opération humanitaire sur le terrain, quels que soient son importance, son budget et le nombre de bénéficiaires ; en effet, j'ai pu voir à travers de simples distributions de cahiers et de stylos pour des enfants d'Afrique une forme de reconnaissance éternelle et un partage inoubliable qui changera le regard de ces belles âmes sur le savoir, l'école et la scolarité.

Parfois, il ne suffit que d'un simple repas pour bouleverser profondément des femmes et des hommes qui vivent chaque jour une misère insoutenable, où chaque détail peut être d'une importance capitale, parce qu'au-delà même de l'aide apportée, il y a tout d'abord l'intention, le geste et la compassion qui sont d'un effet exceptionnel dans les consciences de ceux qui en sont les premiers bénéficiaires.

Le Kosovo, ce théâtre noyé par la guerre, est également la terre de Lorenta, cette femme qui m'a appris à ne jamais dévaloriser l'importance d'une action sociale, quelle qu'elle soit.

À tout juste 30 ans, Lorenta enchaîne des missions de rencontres auprès de populations défavorisées de son pays.

Elle n'apporte rien avec elle, ni vêtements, ni denrées alimentaires, à vrai dire, elle n'en a pas les moyens, ni financiers, ni logistiques.

Elle ne sera pas celle qui apportera la dignité à travers l'aide matérielle, car elle va à la rencontre de tous ces gens qui souffrent le ventre vide avec pour seul bagage une volonté solide d'apporter un soutien moral face à la difficulté du quotidien.

Sans pain et sans argent, Lorenta est pourtant aimée comme si elle était un ange descendu du Ciel, car elle apporte en toute simplicité et authenticité des moments de bonheur à ces êtres meurtris par la vie, parce qu'elle passe du temps avec tous ces gens qui vivent dans la précarité, à la fois sociale et identitaire, investissant toutes ses forces et toute son énergie pour les comprendre et les écouter, et ainsi partager leur souffrance à travers des moments d'un humanisme profond.

En vérité, ce que fait Lorenta est un geste d'humanité dont l'impact est exceptionnel, un partage au service de l'universel, et tous ceux qui en ont bénéficié vous diront à quel point il s'agit du plus beau don qu'il puisse exister.

SAMERA DE BOMBAY, AU SERVICE DU COLLECTIVISME

L'écrivain et diplomate français Jacques de Bourbon Busset a écrit :

« La lutte contre les inégalités sociales est le grand dessein collectif qu'une nation devrait se donner. »

Après plusieurs années d'un engagement sans faille dans l'action humanitaire directe, jusque dans les quatre coins du monde où mes organisations ont œuvré concrètement pour soulager le quotidien des personnes les plus vulnérables, j'ai trouvé dans le soufisme et le cheminement intérieur la force de combattre mon égo et d'affirmer avec certitude que je ne changerai pas le monde à moi seul.

L'écrivain québécois Jacques Folch-Ribas disait :

« Qui suis-je ? Rien. Personne n'est rien, tout seul. Il faut les autres. »

J'ai repris cette merveilleuse citation dans un précédent ouvrage, parce qu'elle définit parfaitement ce que je pense désormais de l'individualisme et de ses conséquences sur notre civilisation, cruel et néfaste à la fois, divisant les êtres humains jusque dans les foyers même, et tout cela au service de cette interminable et funeste course aux richesses financières.

De plus en plus, l'esprit du nombrilisme a remplacé le partage et l'engagement solidaire ; dès lors, tout n'est question que de carriérisme, et dans les projets de tout un chacun, je n'aperçois que cette éternelle obsession d'accéder à la propriété, à la richesse, à la réussite financière et à la reconnaissance superficielle.

Je ne crois pas aux bienfaits de l'individualisme, ni au bien-être frivole que peuvent susciter l'appât du gain, la richesse à outrance ou la célébrité, bien au contraire, j'ai l'intime conviction que la révolution ultime du 21e siècle sera celle du collectivisme.

L'esprit d'équipe et la capacité de se sacrifier les uns pour les autres, qu'il s'agisse de notre famille, de nos concitoyens, des plus pauvres de notre société ou de contrées lointaines, avec pour ligne de mire la préservation de l'intérêt commun et de notre dignité à tous.

C'est dans ce même esprit collectif que j'ai personnellement trouvé la force d'être un homme plus responsable et plus soucieux de mon environnement, de cette terre et de ses animaux, de ces femmes et ces hommes à l'autre bout du monde qui ne cessent d'agoniser par la famine et l'extrême pauvreté, et parce que cet engagement social vers lequel je me suis tourné il y a de cela plusieurs années leur est également consacré.

Car sur le bateau de la planète Terre, nous sommes à la fois les passagers et l'équipage, où chacun a son propre rôle à jouer, et si tous les individus ne se contentaient que de leurs propres affaires et de leurs intérêts personnels, il va sans dire que notre navire commun chavirerait dans les profondeurs d'un chaos social.

Je ne peux croire à l'idée que nous sommes nés individualistes, bien au contraire, il me paraît évident que nous sommes bons à l'origine, prédestinés à produire du bien autour de nous, car c'est au fil de mes expériences de terrain à travers le monde que j'ai pris conscience de l'immense importance de la solidarité sociale et d'un engagement commun, de concitoyens et de sœurs à frères en humanité, de dignité à dignité et conscients de la misère du monde, avec l'infinie volonté, et ce main dans la main, de combattre l'injustice partout où elle sévit.

Les plus belles victoires sont celles qui se partagent et les plus beaux moments d'une vie sont ceux que l'on divise à plusieurs, parce que seul, à vouloir courir indéfiniment vers la richesse financière, à ne penser qu'à nos biens matériels et nos plaisirs éphémères, nous ne faisons que nous éloigner du sens même de la vie.

Qu'il s'agisse de tous ces consuméristes noyés dans les profondeurs du capitalisme financier ou bien de ces adeptes d'une foi spirituelle uniquement individualiste, des deux côtés d'une même pièce, j'y ai trouvé une forme d'égocentrisme profond, totalement tourné vers le « moi » tout en oubliant le « nous ».

Ceux qui ont adopté la surconsommation à outrance ont choisi la volonté de gagner de plus en plus de biens, faisant de l'accumulation financière une raison de vivre et d'exister, délaissant ainsi ceux pour qui chaque jour est peut-être le dernier, soumis à la souffrance et la famine qui frappe le monde pauvre.

Quant à ceux qui ont choisi le chemin d'une initiation religieuse individualiste, à ne pas confondre avec la spiritualité authentique, ne pensant qu'à pratiquer la prière avec l'espoir d'accumuler des avantages personnels et exclusifs, tout en oubliant de partager de leurs biens matériels et de leurs richesses quotidiennement, ceux-là ont, à mon sens, pris l'autoroute qui mène au nombrilisme le plus atroce qui soit.

Dorénavant, en me liant d'amitié avec des personnes du monde entier, différentes de par leur origine, leur religion ou leur couleur de peau, mais aussi après avoir analysé les causes réelles de la déstabilisation du monde, je suis persuadé que le collectivisme et la solidarité sont les seules et uniques solutions afin de traiter les importantes fractures sociales de nos sociétés.

Ceux qui ont changé le monde ont fait appel aux dons, au partage et à la lutte collective pour une juste cause, parce que seuls, ni Martin Luther King ni Nelson Mandela n'auraient pu changer le cours de l'Histoire moderne.

Seuls, encore une fois, l'abbé Pierre ou sœur Emmanuelle n'auraient jamais eu autant d'impact dans la vie de tant de personnes nécessiteuses, et Coluche, sans tous ses milliers de bénévoles à travers la France, n'aurait jamais fait des Restos du Cœur une incroyable machine à combattre la misère sociale.

Il est bien évident que seul, nous ne sommes absolument rien, ni fort ni puissant, car mêmes les plus riches et les plus célèbres d'entre nous feront, dans un avenir proche, partie de la communauté des morts, et parce qu'installé au fond de notre linceul, il n'y aura ni argent ni individualisme, il ne restera que notre mémoire et nos actes, ainsi que ce que nous aurons transmis à l'humanité.

Encore une fois, en évoquant la mort comme la fin du chemin, je ne fais que célébrer la vie avec joie et harmonie, en rappelant que nous sommes indéfiniment fragiles et que la seule manière d'élever notre conscience dans les hauteurs de l'amour et de la compassion pour autrui, c'est de vivre pour les autres et avec les autres, pris par le souci quotidien de tendre la main aux plus démunis.

Avec du recul, j'ai conscience que je ne suis qu'une petite partie d'une chaîne de solidarité bien plus large, où, à mon infime échelle, j'ai apporté de mes qualités et de ma motivation, et même en étant à l'initiative de mouvements humanitaires sur cinq continents, j'ai la certitude que sans l'aide de ces milliers de bénévoles répartis dans les quatre coins de la planète, rien de tout cela n'aurait été possible.

En ce sens, je salue chaleureusement Mahmadou, Pierre, Prune, Ali, Roberto, Alexander, Aminata, Mehmet, Amine, Julia ou Anis, sans qui rien n'aurait pu voir le jour.

Dans le chemin qui mène au partage des richesses, à l'action sociale et à la solidarité universelle, il n'y a aucune place pour l'égocentrisme et l'individualisme, il ne peut exister qu'un engagement collectif entre des femmes et des hommes de bonne volonté, attirés par la paix et l'entraide, car ce n'est qu'ensemble, quelles que soient nos différences et nos divergences idéologiques, que nous contribuerons à un monde meilleur.

En Inde, où j'ai déployé auprès de mes équipes de véritables mouvements d'aides aux populations vulnérables au sein des quartiers de Bombay, j'ai fait la connaissance de Samera, celle qui me ferait comprendre par la suite, et ce dans toute sa complexité, l'impériale nécessité du collectivisme.

Samera est l'une de mes plus jeunes partenaires de terrain ; à 23 ans, elle s'est battue depuis l'âge de raison contre l'injustice faite aux femmes de son pays.

Entre les viols, les massacres à répétition et la peur de mourir à chaque fois qu'elle marche dans la rue, elle a lutté pour faire entendre sa voix en créant une chaîne de solidarité considérable autour de son combat.

Et puis, dans un souci de rééquilibrage des inégalités sociales qui ravagent Bombay, elle a également développé de nombreux mouvements de partage de richesses, de distribution de denrées alimentaires et de médicaments aux populations les plus démunies, et ce sans jamais s'arrêter.

À travers une métropole surpeuplée, elle n'a jamais mis un genou à terre, et devant les intimidations et les menaces qu'elle a subies pour son engagement au service de la dignité des femmes indiennes, elle garde le menton relevé et le regard fier, elle n'a peur de rien ni personne, et si ce petit bout de femme a fait autant pour l'humanité, c'est parce qu'elle a sensibilisé un très grand nombre de personnes à une cause juste, celle de la dignité du peuple pauvre de Bombay.

Seule, elle n'aurait certainement rien conquis, mais aux côtés de ses concitoyens, elle est devenue plus forte que jamais, capable désormais d'ouvrir des portes qu'elle aurait pensé fermées pour l'éternité, parce qu'aujourd'hui, Samera n'est plus seule, elle a compris le pouvoir du collectif et la force du nombre, et aux côtés de ses semblables, de ses frères et sœurs par milliers, elle est partout à la fois, dans chaque âme des bénévoles de Bombay.

SOTHEARA DU CAMBODGE, IVRE DE CONVICTION

Le poète et moraliste français Sébastien-Roch Nicolas de Chamfort a écrit :

« La conviction est la conscience de l'esprit. »

En enchaînant les opérations humanitaires à travers le monde, d'année en année, j'ai appris à identifier les points les plus faibles de ma personnalité, ayant en ligne de mire cette interminable obsession de devenir un homme plus responsable, plus fort et plus assidu dans mes valeurs et mes principes.

Parmi les maux que j'ai identifiés, le manque d'authenticité, de réalisme et de conviction faisait pleinement partie de ce qui faisait de moi un être infiniment faible, si loin de ces femmes et ces hommes que je glorifierai dans le bon sens du terme, de l'Abbé Pierre à sœur Emmanuelle, jusqu'à Rumi ou Abu Hamid Al Ghazali.

Après avoir créé ma première fondation humanitaire à destination des enfants d'Afrique, et dès mes premières missions de terrain, je fus naturellement inspiré par l'émotion que suscitait cette nouvelle démarche, et pourtant, noyé dans la spirale de la seule compassion pour autrui, je ne savais pas réellement ce qui faisait ma légitimité dans ce nouvel univers qui est celui du partage et de l'entraide sociale.

Et puis il y eut le temps, l'enchaînement quotidien d'opérations dans les quatre coins du continent africain, puis les voyages, les rencontres et une analyse approfondie de la misère sociale, où, de ce fait, j'ai entamé une profonde remise en question existentielle, parce qu'au-delà de la simple émotion que je vivais profondément, je souhaitais comprendre les véritables raisons de la pauvreté et de la déstabilisation du monde.

Ainsi, au fil du temps et de l'expérience, j'avais considérablement endurci les raisons de mon engagement, me permettant d'être mieux armé face aux doutes et plus solide face aux craintes, prenant de plus en plus conscience du poids et de la nécessité de mes actions humanitaires pour tous ceux pour qui la vie était difficile, me permettant par ailleurs d'instaurer une véritable vision à long terme sur mes projets de développement durable et de lutte contre l'extrême précarité.

La conviction, c'est ce qui m'a permis de croire corps et âme en mon investissement et de ne jamais y mettre un terme ou de poser un genou à terre, quelles que soient les difficultés et les souffrances, mais par-dessus tout, c'est ce qui me fit admettre dans mon for intérieur que le prisme du partage des richesses ferait désormais entièrement partie de chacun de mes quotidiens, et ce jusqu'au dernier jour de mon existence.

Je crois que tous ceux qui réussissent en ce monde et qui atteignent leur but ont tous été portés par une conviction profonde, celle d'être habité par leurs valeurs et leurs principes avec la certitude de pouvoir réussir, et ce quelles qu'en soient les conséquences.

La conviction, c'est également ce qui permit au pasteur Martin Luther King d'accepter de mourir pour son combat, tout comme ce qui a consenti Nelson Mandela à supporter l'injustice de son emprisonnement 27 années durant, et tout cela au service d'une cause bien plus importante que sa propre personne, celle de la dignité et de l'égalité des êtres humains.

Enfin, la conviction fut ce qui propulsa la journaliste Daphne Caruana Galizia dans l'histoire de la lutte contre la corruption, et qui, dans son combat pour la justice, se savait déjà condamnée à mourir pour l'éclatement de la vérité.

Et puis il y a Raoni Metuktire, l'un des grands leaders du peuple Kayato, et qui n'a cessé durant toute sa vie d'être porté par ce qu'il pense juste pour l'équilibre du monde, se battant de toutes ses forces pour la préservation de la forêt amazonienne et contre les répercutions terribles de la déforestation.

Désormais, si nos sociétés sont de plus en plus inégalitaires, c'est notamment parce que nos dirigeants actuels manquent d'une quelconque forme de conviction dans leurs idées et leurs discours, noyés individuellement et collectivement dans une caste de pouvoir, ils ne font que défendre leurs intérêts, et lorsqu'ils évoquent la lutte pour l'égalité des êtres humains et celle contre la pauvreté, ils ne font que réciter un discours préparé en amont, ne pensant pas une seconde à ce qu'ils disent, parce que si la société tombait demain dans un chaos profond, il est indéniable qu'ils seraient les premiers à prendre la poudre d'escampette dans leurs avions privés.

Le manque de sincérité dans nos discours et notre incohérence vis-à-vis de nos valeurs et de nos principes font intégralement partie des causes de l'effondrement de la moralité publique contemporaine, parce que nous sommes les premiers à revendiquer l'égalité, la fraternité et la compassion, mais lorsqu'il s'agit de tendre la main à notre prochain, à partager notre argent et notre temps pour les plus démunis, combien sommes-nous à nous engager réellement ?

Sommes-nous vraiment fidèles à nos principes ?

Il est évident que nous sommes tous faibles par moments, et que dans notre vulnérabilité, il se peut que nous commettions des fautes et que nous nous éloignions des causes essentielles du vivre-ensemble, mais aujourd'hui, à l'heure d'une planète qui plonge dans un avenir obscur, il me paraît impératif d'indiquer que la solution au désastre qui se présente devant nous est de se laisser porter par des convictions humanistes, tolérantes et universelles, qui nous permettront de construire de nouveaux ponts à destination d'un monde meilleur.

Je me souviens encore de ces images ébouriffantes, lors du premier confinement de la population française au début de la pandémie de la Covid-19, où des femmes et des hommes noyés dans l'égocentrisme le plus sombre qui soit se sont précipités dans les supermarchés pour dévaliser les rayons de pâtes et de papier-toilette, quitte à ne laisser que des miettes à ceux qui suivront, étouffant ainsi toute forme de solidarité possible.

Ce jour-là, et à la vue de ce dysfonctionnement majeur de notre vivre-ensemble, j'ai pris conscience que nous faisions face à un danger considérable de notre civilisation, et qu'il était donc vital de trouver des solutions à ce fléau.

Je n'ai pas connu l'époque de la sacralisation à la parole donnée, où l'honneur existait encore dans la pensée individuelle et collective, et où la vie humaine avait un sens affirmé, parce qu'aujourd'hui, au 21e siècle, la pauvreté et la misère sévissent et se développent de façon irréversible dans une grande partie du globe, tandis que l'on continue, chacun à notre niveau, à nous corrompre dans l'industrie du capitalisme financier et de son aliénation à la surconsommation perpétuelle.

Désormais, il est essentiel de retrouver foi en certaines convictions humanistes, il en va du partage, de l'aide aux plus démunis, de l'égalité des êtres humains et de la lutte contre l'injustice sociale.

Ce chemin vers une conviction forte et sereine, à la fois individuelle et collective, me semble être un élément impératif pour démocratiser plus largement l'engagement solidaire et le partage des richesses, sans quoi, en absence de raisons et de convictions, le don et l'action humanitaire directe n'auront plus aucun sens.

Au Cambodge, près de la frontière avec le Vietnam, vit un homme qui a dépensé tout son temps et toute son énergie pour venir en aide aux familles les plus défavorisées de sa région.

Cet homme au grand cœur, c'est Sotheara, qui, à bientôt 50 ans, n'a cessé de se déplacer dans les villages les plus démunis qui longent la frontière afin d'aider des familles dans le besoin, en leur apportant des denrées alimentaires, mais aussi en les aidant à réparer leurs habitations de bois, et ce entouré d'équipes de bénévoles qui ne l'ont jamais abandonné et qui, sans cesse, ont apporté leur soutien à cet homme de paix.

Sotheara n'a jamais eu d'enfants et n'a jamais été marié, il n'a jamais fait fortune et ne sera certainement jamais célèbre, et oublié de cette société contemporaine qui prime le superficiel sur l'authenticité, lui n'a pas arrêté d'apporter son aide à tous ceux qui en avaient besoin, dans l'extrême pauvreté qui touche certaines régions de son pays, il a voué son existence à une cause qu'il sait juste pour l'équilibre du monde.

Au cœur de l'océan du consumérisme moderne, Sotheara est une perle qui scintille de mille feux, il n'a besoin d'aucune reconnaissance et d'aucun remerciement pour continuer d'avancer sur le chemin qui est le sien, celui du partage, de la compassion et de l'aide véritable aux plus fragiles.

Un beau jour, j'eus la chance de le rencontrer du côté vietnamien de la frontière, un homme d'une intelligence et d'une sagesse sans égales, habité par une idée forte, celle de combattre l'injustice sociale de toutes ses forces, et submergé par la conviction d'une vie, celle de s'engager contre la pauvreté.

CHANTAL LA BRETONNE
À LA LUMIÈRE DE LA DÉCOUVERTE

Le romancier québécois Jacques Lamarche a écrit :

« La découverte est un plaisir aussi subtil et intéressant que la connaissance. »

Dans les abysses de l'égocentrisme et d'un individualisme exacerbé, il y a évidemment une volonté de ne s'intéresser qu'à soi, qu'à son confort et à ses propres désirs tout en ne dépassant jamais les limites de ses propres repères.

C'est à Los Angeles, au cœur de la cité des anges, que j'ai découvert à l'âge de 19 ans seulement le consumérisme contemporain sous son aspect le plus profond et le plus inhumain qui soit, où j'ai vu à quel point des femmes et des hommes étaient aspirés dans une logique de consommation à outrance, où l'argent et les bénéfices rythment la vie de pauvres citoyens pensant profiter pleinement du mythe du « rêve américain », ne faisant que servir directement une industrie qui les a aliénés, pieds et mains liés, dans l'obscurantisme du capitalisme financier.

Au cœur de cette même société, en dialoguant avec des personnes de toutes origines sociales, je me suis également aperçu de l'ignorance saisissante qui habite la société américaine, dont certains ne savent même pas où se situe la France sur une carte du monde, quand d'autres encore confondent le Maghreb avec le Moyen-Orient.

Cette méconnaissance totale du monde venant d'une partie de la société la plus développée qui soit sur le plan matériel et technologique m'a paru surprenante au premier abord, et puis, au fil du temps, elle fut à mes yeux révélatrice d'un système qui a poussé les êtres humains à se renfermer sur eux-mêmes, ignorant jusqu'à leurs propres origines, à l'image de ces nombreux citoyens afro-américains ne sachant rien de l'Afrique, de ses problématiques et de la terre de leurs propres ancêtres.

Et puis, en France, dans le pays de René Descartes et d'Alphonse de Lamartine, ô combien de fois j'entendis dire des inepties, venant tantôt de simples citoyens, tantôt de journalistes, de politiciens ou d'intellectuels d'un nouveau genre, parlant de la France comme du pays des droits de l'homme, affichant Samuel Huntington comme le sauveur de la nation moderne et faisant de la pensée d'extrême droite une forme de rationalité.

Il m'a fallu voyager dans les quatre coins du monde pour comprendre à quel point la France, ce si beau pays qui a vu naître le grand Victor Hugo, était devenue asphyxiante, parce que xénophobe et raciste dans le discours public, et islamophobe dans sa politique internationale, de par la déstabilisation du Mali, de la Centrafrique, de la Lybie et de l'Afghanistan.

Et puis il y a ces petites gens, ces femmes et ces hommes qui ne demandent qu'à vivre en paix, pensant que l'individualisme serait une solution viable contre les maux du monde actuel, et qui oublient jusqu'à la misère qui sévit dans une grande partie du pays, celle-là même qui a fait naître les gilets jaunes et leur révolte insurrectionnelle.

Parce que dans toutes les villes de France, il y a des pauvres et des personnes qui vivent dans la précarité la plus significative, car il est bien beau de passer nos soirées devant des programmes de télévision qui nous asservissent d'un divertissement de plus en plus aberrant, nous faisant oublier jusqu'à la plus cruelle des réalités, celle de la pauvreté sur le pas de nos portes, dans le métro et sur les trottoirs mêmes de nos villes, et ainsi, c'est là que s'inscrit la misère humaine dans sa forme occidentalisée.

Je crois qu'il est nécessaire de sortir de notre propre confort pour combattre l'injustice sociale, parce qu'il faut savoir se retrousser les manches le temps d'un instant, juste pour apporter un minimum de soutien, de compassion et de sourires à ceux qui en ont besoin, car en effet, je pense qu'il est temps que nous allions tous à la découverte de l'extrême pauvreté.

Au-delà des limites de notre quotidien, il y a des besoins et des souffrances, et parce que ceux qui ont changé le monde ont accepté le défi de la découverte, ils sont allés plus loin encore que leurs contemporains, parce que l'Abbé Pierre aurait bien pu se draper d'une bonne conscience d'un être de foi dans une église, tout comme sœur Emmanuelle aurait bien pu profiter de sa retraite d'enseignante religieuse aux quatre coins du monde, mais il y a de ces êtres pour qui tout cela ne suffit pas et pour qui tout n'est que superficiel, c'est pourquoi ils ont souhaité naviguer bien plus loin, quitte à chavirer dans les vagues tumultueuses du sacrifice de soi, quelles qu'en soient les répercussions sur leur propre personne, parce qu'en vérité, il en allait de la lutte contre la misère sociale.

Moi-même, enfant privilégié de la République française, vivant en plein cœur du 9e arrondissement parisien, j'aurais bien pu me contenter de ma vie qui ne compte que des avantages et profiter des éléments de consommation que j'avais à disposition, ne m'occupant que de mes propres intérêts, de mon évolution sociale et de l'accumulation de mes biens et de mes richesses.

Et puis, un jour de juillet 2016, à l'âge de 25 ans, ma vie entière a basculé lors d'un voyage au Ghana, où face à la misère du monde, dans les bidonvilles de Tamale, j'ai entrepris un long cheminement sur la route de mon absolution ; dès lors, j'avais accepté l'idée de vivre dans un perpétuel voyage, à la fois physique et spirituel, à la rencontre du monde pauvre, afin de trouver des solutions au dysfonctionnement d'une société contemporaine minée de toute part par l'hyper-matérialisme, et en luttant de toutes mes forces contre les inégalités structurelles des sociétés modernes.

Désormais, au-delà de mon engagement au service des plus démunis, j'essaie, par les moyens qui sont les miens, d'initier le plus grand nombre de personnes sensibles à la pauvreté, de prendre un chemin à la découverte de peuples défavorisés socialement, sensibilisant sur la nécessité de cette excursion intérieure jusque dans les profondeurs de la réalité du monde, face à la pauvreté et la désespérance, aux crimes de guerre et à la sécheresse continue, il est temps que nous soyons nombreux sur ce bateau qui nous transportera vers un partage équitable des richesses de notre planète.

Je ne suis ni un artiste ni un sportif célèbre, je n'ai donc pas les moyens d'œuvrer à une plus grande prise de conscience collective, de ce fait, je m'efforce, à mon humble échelle et à mon petit niveau, de sensibiliser chaque jour de nouvelles personnes sur la misère qui sévit à travers le monde, dans un travail de fourmi, pierre par pierre, je me force à construire une œuvre humanitaire conséquente, dans la difficulté et les périodes de doutes, je ne cesse jamais, emporté par une conviction profonde qui me dépasse largement, j'irai au bout de mon voyage pour découvrir ce monde affaibli par le libéralisme économique.

En vérité, je suis un ouvrier sur le chemin qui mène à la lutte contre les inégalités sociales, et si mon travail est modeste dans un premier temps, il est avant tout régulier, du lundi au dimanche, d'hiver comme d'été, il ne s'arrête jamais, et j'ai espoir que cette famille de l'aide humanitaire puisse s'agrandir pour que nous puissions être plus forts et plus utiles pour le bien commun.

Au fil des pages de ce nouvel ouvrage, je suis revenu sur certaines histoires personnelles qui ont bouleversé mon existence, des rencontres qui ont fait de moi un homme plus responsable et plus utile à la famille universelle, et ces femmes et ces hommes inconnus du grand public, travailleurs de l'ombre et révolutionnaires invétérés, sont ceux qui luttent localement pour leur propre peuple, pour les plus faibles et les plus démunis de leur région.

Et puis il y a aussi Chantal, cette Française de 62 ans, pur produit de la classe moyenne supérieure qui a passé la plus grande partie de son existence dans sa Bretagne natale, à jouir d'une vie d'avantages et de privilèges infinis.

Et puis, un jour, avant même d'atteindre ses 50 ans, elle s'est mise en tête de changer de vie, avec un sac à dos comme seul bagage, elle s'est envolée pour Dakar où elle a créé son propre dispensaire afin de venir en aide aux femmes isolées de la métropole sénégalaise.

Chaque jour, grâce à ses moyens, ses relations sociales et une profonde conviction de pouvoir combattre les inégalités présentes en Afrique, elle ne cesse de venir en aide à ces milliers de femmes oubliées du système, parfois violées et massacrées pour le simple fait d'être nées femmes, dans un monde dominé par l'immortel patriarcat.

Entre les médicaments fournis et les aides alimentaires, elle permet également à ces âmes meurtries par la vie de croire en une meilleure destinée, elle leur apprend la langue française et les aide à trouver une formation ou un emploi, et dans ce processus de réinsertion, elle leur donne finalement un second souffle.

Chantal est née du bon côté de la frontière, à la fois territoriale et sociale, elle n'a jamais connu la faim ou la soif, et encore moins la désespérance de vivre pauvre indéfiniment, pourtant, dans son confort de vie, elle s'est mise en tête de voyager et d'aller plus loin que ses propres limites, et ce à la rencontre du monde pauvre.

DJIBRIL,
ANGE DE LAGOS,
MAÎTRE DE L'ÉQUILIBRE SOCIAL

Le biologiste suisse Jean Piaget a dit :

« La tendance la plus profonde de toute activité humaine est la marche vers l'équilibre. »

La principale raison de mon engagement personnel au service des plus démunis fut en premier lieu la volonté de lutter contre les inégalités sociales qui sévissent en Afrique, parce que je ne pouvais accepter, déjà très jeune et alors même que j'étais étranger à l'univers de l'action sociale, les raisons de ce profond dysfonctionnement, où j'apercevais en France un rapport à la consommation surdimensionné, tandis qu'en Afrique, devant mes yeux et faisant palpiter mon cœur, je découvrais ce qu'était la famine.

Ces inégalités se sont creusées au fil du temps, ou d'année en année, en fonction du mouvement des places boursières et du marché des devises, des hommes se sont considérablement enrichis, car Bernard Arnault a doublé sa fortune en moins de douze mois, et parce que Jeff Bezos a accumulé assez de capital pour éradiquer à lui seul la misère dans le monde.

Comment peut-on accepter, dans une société qui se veut moderne et développée, que des hommes soient aussi riches, tandis que des centaines de millions d'individus puissent mourir de faim et de soif chaque jour ?

En acceptant ces inégalités, sommes-nous devenus des complices de ce désastre contemporain ?

Je pense que la cruelle évolution des inégalités sociales est un crime manifeste contre l'humanité, non pas parce qu'elle utilise les moyens légaux de plonger des millions d'êtres humains dans une désespérance manifeste, mais parce qu'elle initie une procédure irréversible des rapports sociaux, qui causera la souffrance et la mort directe d'une grande partie de notre civilisation.

Peu importent New York, Dubaï, Paris ou Bali, j'ai le cœur et le regard tournés vers Bamako, Ouagadougou, Kampala et Niamey, je n'accepte pas la misère humaine, et même si je ne cesse d'agir pour atténuer certaines souffrances qui sont présentes au fond de mon être, je me sais bien trop petit pour rééquilibrer à moi seul les rapports sociaux dans leur ensemble.

Pourtant, j'ai la conviction que plus nous serons nombreux à nous investir afin de combattre les inégalités structurelles des sociétés modernes, et plus nous réussirons, à plus grande échelle, à redéfinir d'une certaine manière les cartes de la justice sociale.

Aujourd'hui, nous sommes dans un monde où les millionnaires se sont multipliés, ne cessant d'accumuler des biens et des richesses, où le capitalisme financier a permis d'asservir les pays les plus défavorisés en permettant la spéculation sur les matières premières, telles que le riz et le blé, favorisant ainsi les plus grandes fortunes et déstabilisant en même temps l'équilibre même de la chaîne alimentaire.

Encore une fois, nous vivons à une époque où les grands groupes industriels continuent de licencier leurs employés, prétextant tantôt la crise financière, tantôt la logique de productivité, permettant par ailleurs aux actionnaires de s'offrir de plus grands dividendes et mettant ainsi à mort le petit peuple des campagnes, celui des ouvriers et des hommes braves, et fracturant de ce fait encore un peu plus le vivre-ensemble.

C'est ainsi que la pauvreté crée de la désespérance, et la désespérance, quant à elle, génère de la haine, et que la haine, à son tour, fait naître de la violence.

Si la politique néolibérale continue son entreprise d'asphyxie des classes populaires et défavorisées, vers quel avenir nous dirigeons-nous alors ?

Voulons-nous une paix durable ou une guerre civile ?

Sommes-nous des partisans du bien ou du mal ?

Je suis issu d'un peuple qui a connu la guerre, à la fois contre un adversaire extérieur et un ennemi intérieur, et je sais à quel point il est si difficile de s'en relever par la suite, à la fois sur le plan individuel et collectif.

Par conséquent, je crois en l'importance de la lutte contre la pauvreté, car j'estime que tous les débats de notre société doivent se tourner vers l'essentiel qui n'est ni la sécurité ni le terrorisme, mais bel et bien le rééquilibrage des rapports sociaux, avec en ligne de mire une lutte sans merci contre la pauvreté.

C'est ainsi que commence la dignité des êtres humains, lorsque chacun de nous, quelles que soient nos différences et ce qui nous oppose, notre couleur de peau, notre religion et nos positions politiques, nous décidons de lutter contre la fracture sociale, et c'est ainsi que nous nous retrouverons ensemble afin de construire un véritable projet de société tournée vers l'avenir, telle une grande et belle famille appartenant à une même communauté de destin.

Il ne peut être rationnel que des personnes soient de plus en plus riches pendant que d'autres sont de plus en plus pauvres, et s'il est bien évidemment naturel qu'il y ait des plus riches et des plus pauvres, l'évolution de plus en plus profonde des inégalités n'a rien de logique et ne peut être expliquée du point de vue de la rationalité.

En ce sens, j'invite tout un chacun à lire l'ouvrage *Capital et Idéologie* de Thomas Piketty, qui permet de comprendre en profondeur les injustices que représentent les inégalités économiques au sein d'une société.

Je crois qu'il existe, malheureusement, une volonté de creuser l'équilibre social de la part de ceux qui nous dirigent, afin qu'un certain groupe d'individus puisse s'enrichir considérablement, tandis qu'au même moment, la machine capitaliste crée un déséquilibre important, car les premières victimes de cette dynamique de pouvoir seront naturellement des femmes, des enfants et des personnes âgées, des pauvres et des plus pauvres, des handicapés et des réfugiés climatiques parfois sans défense et sans ressources, qui plongeront alors dans les sombres profondeurs de la misère humaine.

Et si, en plus de cela, une grande partie de la population, dans sa servitude à la consommation, se voit attirée par le désir d'accumuler des richesses, alors l'individualisme prôné par le capitalisme financier ne cessera de gagner du terrain, réduisant alors en miettes toute possibilité d'une cohésion sociale, par le partage des richesses et l'engagement solidaire.

Par conséquent, j'ai foi en la force que représente la solidarité, à travers l'entraide entre citoyens, quelles que soient nos différences et nos spécificités, parce qu'il nous est possible de voir dans le regard de nos voisins, de nos amis et de simples inconnus, de probables sœurs et frères, de semblables en humanité, et c'est ainsi que débutera la lutte des justes pour combattre la précarité.

Dès lors, j'ai profondément espoir en l'humanité, de l'optimisme des idées à la concrétisation de mes projets sur le terrain, j'ai infiniment confiance en la civilisation humaine et en ce qu'il y a de plus beau en elle, parce qu'après avoir sondé une grande partie du monde, j'ai aperçu l'humanité sous toutes ses formes, du Ghana au Vietnam en passant par l'Algérie, la Tunisie, le Mexique ou la Bosnie-Herzégovine.

La pauvreté est visible à l'œil nu, dans n'importe quelle ruelle de nos capitales, d'Alger à Paris, du quartier de Belouizdad à celui de Stalingrad, et de l'Afrique à l'Europe, il y a des pauvres dont le nombre continue d'augmenter, et puis ces riches qui s'enrichissent et qui vivent à l'écart de la société, ainsi, si nous sommes situés entre ces deux univers, entre la richesse et la pauvreté, et afin que les rapports sociaux puissent être rétablis, il nous est impératif de tourner le dos au monde du capital, à sa surconsommation et son aliénation et, de cette façon, tendre la main au monde pauvre, à sa sensibilité et à son authenticité.

Il en va du bon sens, peut-être même de la galanterie, mais aussi de la gentillesse et de la compassion, que nous soyons athées ou religieux, enfants des lumières ou des textes bibliques, de venir en aide au plus grand nombre de personnes nécessiteuses à travers le monde.

En plein milieu de l'Afrique et de la métropole surpeuplée de Lagos, au Nigéria, existe un homme qui a fait de la lutte contre la pauvreté et de l'équilibre des rapports sociaux, un combat existentiel.

Cet homme, si valeureux et si important qu'il est pour l'avenir du monde, c'est Djibril, homme de textes et de musicalité, il aime passer ses nuits à écouter Bob Marley et ressentir dans le reggae jamaïcain une forme de paix intérieure.

Dans les quartiers les plus pauvres de la ville, Djibril passe ses journées à enseigner la lecture et l'écriture, que ce soit aux personnes âgées, aux femmes, aux hommes ou aux enfants, il veut remédier à l'injustice de l'analphabétisme qui frappe une grande partie de l'Afrique, du nord comme au sud, parce qu'il sait pertinemment que c'est cette même injustice qui cause les inégalités profondes de son pays, et face à cela, il est prêt à se lever et à combattre, et ce indéfiniment.

À tout juste 30 ans, Djibril, que ses parents ont surnommé ainsi en référence à l'ange qui apparut au prophète Muhammad pour lui révéler le Coran, souhaite également à sa manière transmettre un savoir, des lettres, des mots et des conjugaisons qu'il manie trop bien aujourd'hui, fin connaisseur des penseurs des Lumières, ayant lu Denis Diderot et Jean-Jacques Rousseau, sachant l'importance de la littérature et de l'écriture dans l'équilibre de la vie d'un être humain, alors, c'est en ce sens qu'il contribue à un monde meilleur.

Aujourd'hui, Djibril est un homme que j'aime de tout mon cœur, un frère que je ne vois que très peu, mais nos âmes sont liées pour l'éternité, parce que c'est lui, dans la grandeur de son humilité, qui m'a appris ce qu'était la lutte véritable pour l'équilibre social.

MARYAN LA SOMALIENNE, À LA RECHERCHE DU BONHEUR

Le dramaturge norvégien Henrik Ibsen a écrit :
« La seule vraie rébellion est la recherche du bonheur. »

À bientôt 30 ans, et après avoir parcouru le monde pour y apporter une aide spécifique à des dizaines de milliers de personnes en situation d'urgence absolue, et en ayant analysé en profondeur les causes réelles de la déstabilisation du monde, j'en suis arrivé à la certitude que l'argent, dans toute sa complétude, ne peut définitivement pas faire le bonheur d'un être humain.

J'entends naturellement ceux qui, noyés dans les abysses du capitalisme néolibéral et de sa puissante aliénation au luxe et à la richesse, sont certains que l'accumulation de biens et de moyens s'apparente à une forme de bonheur existentiel, eh bien, de par mon expérience, je suis prêt à mettre ma main au feu plutôt que d'accepter l'idée que le matérialisme et le bonheur puissent être liés d'une quelconque façon.

Tout d'abord, parce que je suis un homme attiré par le prisme de la spiritualité, porté par l'ésotérisme soufi qui, chaque jour, dans chacune de ses initiations, me fait toucher les bribes du bonheur véritable, entre la prière et la méditation, je ne cesse de ressentir au fond de moi une forme d'apaisement authentique, loin de toute superficialité, proche d'une authentique vérité.

Car ceux qui ont fasciné mon répertoire religieux et spirituel, tels que Rumi, Abu Hamid Al Ghazali ou Ahmet Inayat Khan, mais aussi Saint Thomas d'Aquin, le père Henri Grouès ou même l'évêque Henri Teissier, ont tous, à leur manière, contribué à ma passion pour la foi en un Dieu unique, en une spiritualité profonde avec l'espoir d'un avenir meilleur et l'espérance de ressentir un jour la sensation du bonheur véritable.

Ainsi, dans la grille de lecture de mon enseignement spirituel, je n'y ai trouvé aucune trace d'une quelconque forme de bonheur apparenté à l'argent, à son pouvoir et à son confort, au contraire, je n'ai vu que des mises en garde perpétuelles contre les effets néfastes de l'accumulation des biens et de la course perpétuelle aux richesses financières.

Et puis, en tant qu'homme, à la fois de raison et de rationalité, aucun individu ni aucun système de pensée philosophique ne fut capable de me démontrer avec une absolue certitude, à travers un raisonnement intellectuel approfondi, le résultat mathématique me certifiant que l'argent contribuerait au bonheur existentiel.

Ainsi, entre l'homme de raison et l'homme de foi, entre le temporel et le spirituel, en ayant écumé tous les raisonnements possibles et écouté toutes les explications imaginables, je vis dès lors avec la conviction de l'âme et de l'esprit que l'argent ne contribuera jamais au bonheur d'un être humain.

En vérité, je crois réellement que la course aux richesses est nuisible pour l'individu, que ce soit sur le plan individuel ou collectif, parce que tant de guerres se font aujourd'hui pour l'argent, qui, désormais, est la première religion qui dirige le monde et qui rassemble les consciences collectives vers un objectif commun et partagé.

De tout temps, les conflits armés les plus atroces qui soient sont nés d'une course affamée à la richesse financière, car même durant le temps des croisades, ce n'est pas au nom de la religion que des hommes se sont battus comme certains historiens l'affirment encore de nos jours, mais bel et bien pour la route de la soie et celles des épices, ces routes commerciales qui promettaient argent et prospérité, et aujourd'hui même, lorsque les puissances nucléaires déclarent des guerres aux quatre coins du monde en prétextant les raisons de l'impériale nécessité d'y imposer la démocratie, en réalité, il n'y a que des intérêts financiers qui motivent à bombarder des populations innocentes afin d'avoir accès au gaz, au pétrole et aux ressources naturelles, comme ce fut le cas en Irak, en Lybie et en Syrie, pendant que de pauvres gens meurent sous le feu des bombes, victimes de ces hommes assoiffés par la course aux richesses.

L'argent, c'est ce qui a causé la mort de centaines de millions de femmes et d'hommes à travers le monde, parce que l'accumulation des biens et des moyens est un éternel péché, lié entre autres à l'avarice, à l'égocentrisme et à l'individualisme.

Et puis, au-delà des conflits armés, il y a tous ces gens qui se sont séparés, ces couples qui se sont désunis, ces frères et sœurs qui ont coupé les ponts à jamais et ces amis d'enfance qui ne se sont plus adressé la parole, tout cela pour des raisons pécuniaires, ô combien superficielles !

J'ai vu tant de relations humaines se dégrader pour quelques dollars, des femmes et des hommes irréconciliables dans ce monde de l'hyper-matérialisme, et devant ce qui me semblait être une profonde injustice envers l'humanisme authentique, j'ai souhaité, à ma manière, à travers l'engagement solidaire et le partage des richesses, démontrer de façon claire, simple et rationnelle à quel point l'argent ne peut pas et ne fera jamais le bonheur des êtres humains.

À vrai dire, j'ai foi en l'authenticité et en la simplicité que le bonheur véritable puisse naître des sentiments de deux êtres, d'une amitié sincère et d'un amour sans condition, par de simples moments d'humanité et à travers des sourires et des larmes de joie.

Le bonheur, j'ai cru l'apercevoir en ce monde sur la terre d'Afrique, loin de l'enfer du consumérisme contemporain, où au Ghana, si éloigné de mon Europe natale, entre pauvreté et misère, j'ai vu ces mères de famille sourire devant leurs enfants, amoureuses depuis le premier jour, et dans le toucher et le regard, j'ai entrevu une forme de plénitude qui ne s'explique pas, à la manière de ces quelques mots de Blaise Pascal :

« Le cœur a ses raisons que la raison ne connaît point. »

Alors, moi qui fus embarqué très jeune dans le chemin de l'engagement solidaire, je connus en amont la tristesse du capitalisme occidental, de par le parisianisme et sa démesure, où ces femmes et ces hommes qui vivent dans une bulle imaginaire, entre mensonges et trahisons, entre les cocktails et les vernissages, déterminent leurs relations sociales en fonction des avantages et des privilèges que cela génère, dès lors, il est certain que tout ce monde ne mérite désormais que ma plus stricte indifférence.

Aujourd'hui, en ayant mis les deux pieds en dehors de ce monde si superficiel, j'ai l'impression d'avoir réappris à vivre pleinement et à respirer l'air frais d'une authentique existence, auprès des braves gens, des ouvriers, des sans-abri, des femmes isolées et des handicapés, aux côtés des noirs, des Arabes, des

Berbères, des Asiatiques, entre les pauvres et les plus pauvres, entre catholiques, musulmans, juifs ou athées, je suis revenu dans le monde réel et c'est ainsi que je compris à quel point j'aimais la vie.

Tous ceux qui n'osent pas s'engager dans la voie du partage et de l'action humanitaire sont indirectement aspirés par le capitalisme financier, ils évoquent le manque de temps, d'argent ou d'énergie, mais lorsqu'il s'agit de courir derrière des biens et des moyens, ils sont au front, transpirants de fatigue et capables de donner leur vie pour gagner ne serait-ce qu'un peu plus de sous, et ainsi, se sont noyés dans les profondeurs de la face sombre de l'humanité.

Parfois, lorsque j'évoque ce qui fait mon quotidien à mes amis occidentaux, j'ai l'impression d'être déconnecté, parce que les discussions ne tournent qu'autour de l'argent, des bénéfices, des projets d'investissement et des capitaux générés, et à Paris, dans cette si belle ville qui m'a construit socialement, j'ai l'étrange sensation de ne pas être sur la même longueur d'onde que mes concitoyens, alors, en puisant dans la recherche de mes propres limites, j'ai pris la décision de ne pas m'éloigner de la cause qui me porte aujourd'hui, quitte à affaiblir mes relations d'amitié ou mon pouvoir d'achat, ou bien à me déclasser dans l'échelle sociale, parce que je me bats désormais pour des femmes et des hommes démunis à travers le monde, dans la souffrance et la misère, et cela va bien au-delà de ma propre personne.

Depuis quelque temps et après plusieurs années d'expérience dans l'engagement solidaire, j'ai commencé à entrevoir une forme d'apaisement intérieur, et si je n'ai certainement pas encore atteint la sagesse véritable, je me sais être sur le bon chemin afin de vivre un jour, que ce soit dans ce monde ou dans l'autre, la sensation du bonheur authentique.

En Somalie, dans l'une des régions les plus pauvres du monde, ravagée par la famine quotidienne depuis des décennies, j'ai fait la connaissance de Maryan, qui, à seulement 28 ans, consacre l'essentiel de son temps à aider ces familles qui souffrent de la faim jour et nuit, malades d'épuisement et d'une fatigue perpétuelle.

Née dans la misère terrible qu'est celle de la banlieue de Mogadiscio, puis, au fil du temps, après une longue lutte pour atteindre la dignité, entre le travail et les études, elle est devenue médecin, et par la même occasion, la fierté de toute une tribu.

Maryan eut de nombreuses propositions afin de s'expatrier et exercer son métier dans de meilleures conditions, du Qatar au Royaume-Uni, et ce pour un meilleur salaire, mais sur la route de l'ascension sociale, elle a senti une forme de désespoir, parce qu'elle ne pouvait pas abandonner un peuple noyé dans l'extrême pauvreté.

Alors, elle s'est décidée un beau jour à consacrer le reste de son existence à utiliser ses compétences médicales pour venir en aide aux personnes en situation d'urgence, et ce tous les jours de la semaine et tout au long de l'année.

Dans des territoires méconnus de tous, elle arpente les camps de réfugiés, entre la saleté et la violence, elle traverse les logements de fortune pour s'assurer que tout le monde va bien, et c'est comme cela qu'elle sauve des vies sans cesse.

Aujourd'hui, Maryan est heureuse du destin qu'elle s'est choisi, et si elle a refusé l'argent et le confort, c'est parce que c'est auprès de son peuple qu'elle s'est définitivement sentie heureuse.

SAMI LE TUNISIEN, EN QUÊTE D'INTÉGRITÉ

Le conférencier américain Zig Ziglar a dit :

« La meilleure arme de persuasion que tu possèdes dans ton arsenal est l'intégrité. »

De la Grèce antique à l'époque contemporaine, de la Mésopotamie aux portes des États-Unis, dans les déserts et les bidonvilles jusque dans les rues de grandes métropoles occidentales, d'hiver comme d'été, du nord au sud de la planète, il n'y a pas un jour où la misère n'a pas frappé les femmes et les hommes, pillant de toutes ses forces la dignité que de braves gens avaient en eux, ainsi que le peu de richesses qu'il leur restait.

Dans la pauvreté, je n'ai pas seulement aperçu un manque d'argent, d'eau ou de nourriture, et dans l'illettrisme, je n'ai pas uniquement vu une déficience de culture et de discernement, en vérité, j'ai compris dans les profondeurs de la misère sociale à quel point des individus innocents étaient dépouillés de toute leur intégrité et de leur qualité d'êtres de conscience, pourtant égaux devant l'Histoire, et ce au regard de la Déclaration des droits de l'homme et du citoyen.

Dans la pauvreté, encore une fois, j'ai entrevu l'injustice humaine sous toute sa cruauté, rabaissant des êtres humains au rang de perpétuels esclaves, parce qu'au Bangladesh, ils sont des millions d'enfants exploités au service des multinationales et du capitalisme financier, à coudre les dernières chaussures à la mode qui arpenteront les vitrines des grands magasins parisiens.

Parce qu'au Congo, dans la région du Katanga, j'ai su ce qu'était l'exploitation de l'homme par l'homme, où des dizaines de milliers d'enfants sont exploités à outrance, tout cela pour remonter le cobalt à la surface de la Terre, ce fameux minerai qui est un composant essentiel des batteries de nos propres smartphones.

Au Vietnam, en Chine, en Inde, au Pakistan, en Turquie, en Côte d'Ivoire, au Maroc ou à Madagascar, ils sont des centaines de millions d'individus noyés dans l'intense rythme qu'impose le néolibéralisme, à travailler dans des conditions inhumaines pour satisfaire les puissants groupes financiers liés au textile, à la téléphonie, à l'agroalimentaire ou à l'automobile.

Et parce que nous sommes, nous autres les privilégiés d'Occident, aliénés par l'hyper-matérialisme, alors notre volonté de consommer toujours un peu plus que la veille a un impact direct sur la vie de ces millions de pauvres gens, qui, à l'autre bout du monde, mourront de fatigue et de désespoir pour fabriquer ce que nous consommerons ensuite, et ce dans le but de satisfaire nos besoins continuellement.

Nous sommes bien évidemment une part du problème, parce que nous sommes les premiers consommateurs et les premiers à faire preuve d'individualisme, et parce que la course aux richesses matérielles nous a noyés dans un égocentrisme décomplexé, où nous ne trouverons ni amour, ni paix, ni dignité.

Désormais, à l'heure d'un monde qui montre les signes d'une agonie imminente, n'est-il pas temps de se regarder droit dans les yeux et de s'engager au service du monde pauvre ?

Si parallèlement à mon engagement humanitaire de terrain, j'ai décidé de prendre la plume pour délivrer un message de paix, c'est aussi pour initier le plus grand nombre de personnes au partage des richesses et à l'action sociale, que ce soit dans nos propres rues au service des pauvres et des sans-abri, que ce soit en Afrique, au Proche-Orient, en Asie ou en Amérique du Sud, sans faire aucune distinction entre les bénéficiaires, qu'ils soient chrétiens, musulmans, juifs ou athées, qu'ils soient noirs ou blancs, peu importe, parce que c'est ainsi que commence l'engagement humanitaire réel.

Dans mes souvenirs, l'idée qui a traversé mon esprit la première fois où j'ai découvert Afrique et sa misère sociale fut de rétablir une certaine forme de dignité dans la vie de ces pauvres gens afin de leur rendre leur intégrité, quoi que cela me coûte et quelles qu'en soient les conséquences pour le reste de ma vie.

Alors, j'ai créé et innové, mis en place un système de redistribution sophistiqué qui m'a permis d'enchaîner presque quotidiennement, et ce tout au long de l'année, des opérations humanitaires à travers la planète.

Sur l'autoroute de l'action solidaire, il est important de rappeler qu'il n'y pas de contresens, c'est un combat d'une vie, c'est un combat d'un être au service de femmes et d'hommes en souffrance, un sacrifice de soi pour une cause qui est bien plus importante que notre propre personne, et enfin, il s'agit là d'une guerre sans armes ni violence contre l'injustice sociale.

Tout cela afin de rétablir la dignité des êtres et leur égalité devant l'Histoire, et leur apporter dans un rapport d'égal à égal une aide spécifique qui puisse leur permettre d'accéder à l'autodétermination et à une autonomie définitive.

Par ailleurs, il est impératif d'affirmer que tous ceux qui souffrent de la misère n'ont pas à réclamer ni à mendier leur intégrité, celle-ci leur appartient depuis leur naissance, ils ont des droits élémentaires, comme celui de pouvoir manger, de boire, de se soigner et de se loger dignement, et si l'injustice humaine a décidé de leur ôter ces mêmes droits, alors il en va de notre devoir, qui que nous soyons et quoi que nous fassions de notre vie, de rendre justice à toutes ces femmes et tous ces hommes condamnés au tribunal du capitalisme financier.

Dès lors, j'estime que nous avons des devoirs envers nos concitoyens, mais aussi envers les êtres humains où qu'ils se trouvent, à la fois de respect, d'amour et de compassion envers les plus pauvres, et par-dessus tout, la nécessité de leur apporter une assistance devant le danger que représente l'extrême précarité financière.

C'est pour cela que je crois à la nécessité de replacer l'être humain au cœur de nos préoccupations collectives, que sa dignité lui soit rendue sous toutes ses formes, parce qu'il me paraît évident que la lutte contre la pauvreté doit devenir un enjeu majeur de la réconciliation des peuples, car au 21e siècle, devant tant de richesses disproportionnées, les famines et les sécheresses continues ne sont pas rationnelles, et encore moins cette misère dévastatrice qui arpente la terre entière.

Je ne souhaite pas que la pauvreté incite à la violence, parce qu'au Burkina Faso, au nord-Mali, en Colombie et à Honduras, en Centrafrique, en Éthiopie et en Palestine, malgré les différences culturelles et religieuses, la pauvreté et la misère ont créé de la violence, et la violence, quant à elle, a généré naturellement des crimes affreux, faisant naître de la tristesse et de la désolation, à jamais gravées dans le marbre des consciences individuelles et collectives.

En Tunisie, dans ce si beau pays qui respire l'intelligence de Carthage, je me suis lié de fraternité avec Sami, dont les 35 années d'existence au cœur de la pauvreté de son village natal n'ont jamais affaibli sa force et son exceptionnel courage.

Très jeune, il fut frappé par le contraste saisissant du village de son enfance avec celui des belles plages de Hammamet, où les touristes occidentaux venaient dépenser leur argent sous le soleil méditerranéen.

Face à cette injustice, Sami eut l'idée de créer des mouvements solidaires en organisant presque chaque semaine des distributions de vêtements neufs aux enfants des milieux ruraux, puis en leur apportant des livres, des cahiers et des cartables, et enfin, en ne cessant jusqu'à aujourd'hui d'organiser des repas en commun pour oublier, le temps d'un instant, la misère et la pauvreté.

Parce que Sami fut persuadé que passer du temps avec les plus démunis était bien plus qu'un respect apporté, mais un devoir qui était le sien, parce que ces familles défavorisées et oubliées du monde avaient un droit naturel sur lui, celui de bénéficier de son temps et de son énergie.

Aujourd'hui, après plusieurs années d'expérience dans l'engagement solidaire, je sais que je suis loin d'avoir atteint le niveau de patience et de persévérance dont dispose Sami, parce que même avec l'intime conviction que le partage est un devoir, je continue parfois d'être courbaturé à force d'offrir tout mon être au service du monde pauvre.

Sami, quant à lui, ne connaît ni la fatigue ni la souffrance, tout ce qu'il fait aujourd'hui vient du cœur et c'est avec une ferveur sans égale qu'il traverse tous les villages de son pays afin de contribuer à un monde plus juste.

Au-delà de l'aide qu'il a apportée, Sami a fait bien plus qu'il ne le pense, parce qu'en vérité, pierre par pierre et à sa petite échelle, il a rétabli une forme d'équité dans le rapport social et, par-dessus tout, a rendu l'intégrité à qui de droit.

L'HUMANISME AVANT TOUT

L'écrivain français Antoine de Rivarol a écrit :
« Ôtez le genre humain, l'univers est sans témoins. »

Au crépuscule du second ouvrage de ma vie, j'ai la sensation d'avoir partagé au mieux les différentes rencontres qui ont fait mon existence et mon parcours d'activiste humanitaire, à travers lesquelles je me suis construit considérablement, avec humilité et parcimonie, parce que j'ai tant appris à leurs côtés, auprès de Mohamed le Palestinien ou de Médina l'Albanaise, ou aux côtés de Maryan la Somalienne ou de Djibril le Nigérian, car après les avoir connus, je suis désormais convaincu d'être devenu un homme plus responsable et, de surcroît, conscient de la réalité du monde.

Moi qui fus bercé dans une tradition de lutte sociale et identitaire, entre la guerre d'Algérie et mon statut de citoyen de seconde zone au cœur de la République française, je n'ai cessé de me défendre continuellement contre les injustices, celles de la xénophobie et de l'extrême pauvreté, de Khartoum à Dakar, je me suis senti concerné par tous les maux du monde pauvre, et ainsi, je me suis levé corps et âme contre ces fléaux contemporains.

Je ne suis pas un révolutionnaire à la manière d'Ernesto Che Guevara ou de Thomas Sankara, et je ne serai jamais à la hauteur d'un Larbi M'Hidi ou d'un Ali la Pointe, je ne suis pas un soldat des armes ni de la violence, et il est certain que je ne m'engagerai jamais dans le maquis, parce que mon combat d'aujourd'hui est celui de la fracture sociale et des inégalités de plus en plus importantes entre les riches et les pauvres, c'est une lutte au service de la dignité humaine et de la compassion pour autrui, en conséquence, il s'agit d'un engagement de tolérance entre tous les êtres humains, quelles que soient les différences de chacun.

À travers les pages et les chapitres, j'ai souhaité rappeler l'importance du pacifisme et de la non-violence, autant physique que morale, souhaitant me rapprocher continuellement de ce qui me paraissait essentiel, à la fois de la noble cause et de la justice véritable, écartant les prismes des rapports de forces, de la géopolitique, des identités et des religions, avec cette interminable obsession de replacer au centre de l'échiquier l'importance prépondérante de l'humanisme authentique.

Avec sincérité et honnêteté, de par mes actions de terrain et mes missions de sensibilisation à la misère sociale, je n'ai cessé d'intégrer les thématiques de rapprochement et d'intégration, étant de par mon identité de démocrate algérien un éternel combattant contre l'obscurantisme religieux et de toute forme d'asservissement des populations, parce qu'héritier d'une histoire décoloniale, longue et sanglante, liée à la libération des êtres, au droit à la vie et à l'autodétermination du peuple autochtone africain.

Au moment d'entamer la trentième année de mon existence, je sais que mon parcours est profondément riche d'expériences et de rencontres, sillonné d'échecs et de réussites, de tristesse et de joie, de doutes et de certitudes, et puis, en faisant un premier bilan d'une vie si courte, j'ai conscience d'avoir évolué sur le chemin du vivre-ensemble, non pas seulement par la réflexion et la pensée globale, mais également à travers un engagement véritable, palpable et universel au service des plus démunis.

À une époque noyée dans le superficiel le plus affligeant, j'ai souhaité éviter toute forme de discours victimaire ou d'engagement numérique à travers les réseaux sociaux, en vérité, je me voyais être utile dans l'action véritable auprès des populations vulnérables et en état de détresse absolue, de Djibouti au Cameroun et du Libéria à la Sierra Leone, obsédé par l'idée de changer le monde à mon infime échelle, à hauteur de l'homme simple que je suis.

Alors, dans une grande partie du monde, je fis de la cohésion sociale une priorité absolue, entre les juifs et les musulmans, les catholiques et les athées, entre les privilégiés et les démunis, les diplômés et les illettrés, de l'Inde au Pakistan et de la Birmanie au Bangladesh, j'ai cru dur comme fer à l'importance des rencontres et des amitiés auprès de ceux qui souffrent de la guerre, de la pauvreté et de la maladie.

Sur ce chemin interminable qui mène à la dignité des êtres humains, je me sais vulnérable et sensible aux causes de la déstabilisation du monde, à ces milliers d'enfants qui se savent mourir de jour en jour, à cause de la faim et de la soif, de la non-action des peuples du Nord et du manque de solidarité internationale, parce que je nous sais tous responsables de la misère humaine, mais également les seuls à pouvoir éradiquer cette extrême pauvreté.

Le point de non-retour est atteint, et désormais, il ne m'est plus possible de reprendre le cours d'une vie ordinaire, celle de vivre pour payer un loyer, surconsommer à outrance et piller les ressources communes, je sais que le temps où je me levais chaque matin pour rendre des comptes à la société est derrière moi, cette époque où le capitalisme m'avait broyé dans son rythme effréné, car désormais, je veux changer le monde avec les moyens qui sont les miens et le réseau dont je dispose, avec amour et détermination, car dès lors, je n'ai plus d'autre choix que de foncer tête baissée contre l'injustice sociale.

Éternel optimiste, je suis de ceux qui préfèrent regarder un verre à moitié plein plutôt qu'à moitié vide, aspiré par le rêve d'un monde meilleur, moins violent et plus égalitaire, où Palestiniens et Israéliens vivraient en paix, où les Turcs et les Arméniens redeviendront les sœurs et frères qu'ils ont toujours été, ce jour où les massacres interethniques ne rythmeront plus la vie des Centrafricains de Bangui, et lorsqu'en Bolivie et au Venezuela, chaque foyer puisse enfin se nourrir et se soigner dignement.

Je suis un doux rêveur d'un monde qui pourrait être merveilleux, porté par un monde imaginaire que je me suis construit à la manière d'un Martin Luther King, parce que du rêve à la réalité, j'ai agi concrètement sur le terrain, et ce qui paraissait utopique au premier abord est devenu réel par la suite ; enfin, ce que je pensais pourtant impossible au début, tel que de voir des milliers d'enfants sortir de l'extrême pauvreté, s'est avéré, au fil d'un engagement intense auprès des populations, une possibilité plus que concrète et rationnelle.

Désormais, et ce jusqu'au dernier jour de ma vie, je ne cesserai d'apporter mon soutien aux populations touchées par la misère sociale, je construirai des ponts entre des mondes qui s'opposent et se détestent, et devant la méfiance des individus, je me dresserai dignement pour éviter que la haine l'emporte sur l'amour, parce que même au bord du précipice, il faudra des femmes et des hommes pour maintenir l'espoir d'une alternative plausible.

Dans les quatre coins du monde, ceux qui me connaissent savent à quel point je suis un combattant acharné contre la misère sociale, je ne suis ni un sauveur ni un héros, et certainement pas un leader ou une vedette, en vérité, je ne suis qu'un camarade de lutte, un ami et un frère, et de jour en jour, je ne cesse d'être obsédé par l'idée d'être utile au bien commun, d'apporter mon soutien sous toutes ses formes à travers des aides spécifiques ou un appui moral, et moi qui déteste pourtant toute forme de dualité ou de conflits, s'il fallait choisir mon camp, je serais indéniablement du côté des pauvres et des orphelins.

Je pense à tous ceux qui jour et nuit sont engagés socialement pour venir en aide aux plus démunis, dans les ruelles délabrées de Paris jusqu'aux quartiers défavorisés de Dakar et de sa périphérie, ces travailleurs de l'ombre et méconnus de tous, ces âmes qui se sont sacrifiées pour apporter leur aide et leur soutien, à toutes ces femmes et ces hommes de paix et oubliés de tous, je peux aujourd'hui affirmer que je leur voue un amour inconditionnel, immuable et indéfectible.

À l'inverse de ceux qui rêvent d'emprunter la route de la soie, je ne souhaite quant à moi que prendre le chemin du partage des richesses et de l'engagement solidaire, et pourtant, je ne me sens supérieur à personne, ni plus doué ni plus méritant, et de toute mon existence, je ne crois pas avoir été un homme sans reproches, ni sans défauts, par ailleurs.

Inspiré par la foi, je sais que le jugement véritable n'appartient qu'à l'être suprême, et que ce n'est que dans l'autre vie que je connaîtrai réellement le poids de mon engagement social, alors en attendant, je voue mon existence entière à une cause qui me dépasse, et ce sans rien attendre en retour, ni dans ce monde ni dans l'autre, car à vrai dire, je veux aider sans concessions, tout simplement.

Je ne recherche aucun retour sur investissement, parce que je vomis de toutes mes tripes l'univers du capitalisme néolibéral et de son mécanisme mortifère pour l'avenir des êtres humains, alors, peu importent mon évolution sociale et mes richesses financières, et quelle que soit ma réputation qui en découlera, ma propre personne ne m'importe plus vraiment, parce qu'il s'agit désormais d'une lutte au service de l'universel et de ceux qui souffrent continuellement de la misère et de la maladie, par conséquent, il est ici question d'un combat pour les futures générations.

Au dernier chapitre de ma vie, j'aspire à ressentir mon cœur s'apaiser, que mes proches soient fiers de moi, et que l'on se souvienne de cet Algérien né au cœur de la province française, qui n'a jamais oublié ses racines et son histoire, son rapport à l'Afrique et à son peuple, et qui de toute son existence n'a jamais cessé de lutter contre les injustices sociales, porté par une interminable obsession, celle de faire triompher l'universalisme et les droits de l'homme pauvre, parce que je suis citoyen du monde, et parce qu'il va sans dire que ma devise est la suivante :

« L'humanisme avant tout. »

POSTFACE

UNITY est une organisation humanitaire internationale, qui depuis son lancement a agi quotidiennement dans 59 pays à travers le monde, et ce dans différents domaines ; Aide à l'enfance, Éducation, Santé, Droits des Femmes, Handicap et Biodiversité.

Nous sommes une organisation apolitique et anti-communautaire ; de ce fait, nous ne faisons aucune différence entre les bénéficiaires, quelle que soit la couleur de la peau, l'origine ethnique ou la confession religieuse.

UNITY est conscient que notre force réside non pas dans les mots, mais à travers les actions que nous réalisons et les initiatives que nous soutenons. C'est donc en 2019 que notre ONG sans but lucratif a réalisé que c'est grâce au travail collectif que nous pouvons relever les défis de façon efficace. Ainsi, nous avons décidé de créer UNITY.

Badis Diab est devenu en quelques années l'un des personnages incontournables de l'humanitaire et il dirige la très influente ONG UNITY. L'enfant de Constantine s'est imposé comme l'un des acteurs humanitaires les plus influents du continent africain.

L'éducation, la biodiversité, la santé, le droit les femmes, le handicap, autant de causes qu'il défend activement sur le terrain. En lançant récemment son propre revenu universel pour une partie de la population d'Ouganda, Badis Diab s'est véritablement imposé comme un activiste hors du commun. Pour cette ONG basée en France, les opérations à travers le monde sont quotidiennes, et ce depuis son lancement, du Togo à la Colombie en passant par le Mexique, la Palestine ou encore le Pakistan, l'organisation est partout. En parallèle, il organise le parrainage de plusieurs milliers d'enfants entre l'Afrique et le Proche-Orient.

Retrouvez Badis Diab dans différents médias :

Presse écrite :

rcf.fr *algiersherald.com* *mizane.info*

tribunelecteurs.com *reporters.dz* *24hdz.com*

afrik.com

reporters.dz

Radio :

RCF

France Bleu

Émissions TV :

Échos de Paris

Beur FM

YOU CAN !

Drôles de pages

Collection dirigée par Yoann Laurent-Rouault

Chroniques, récits, journaux, témoignages, carnets de bord, expériences en tous genres, loufoqueries et billevesées. Théâtre et roman. Nouvelles. Poésie. L'élixir et aussi le flacon. Tout y est possible.

Une seule condition d'admission : l'humour et la réflexion doivent s'unir pour le meilleur et non pour le pire.

Cette collection est effectivement un agglomérat de drôles de pages, servez-vous et dégustez chaud !

À découvrir dans la collection Drôles de pages

Aimez-vous les uns les autres
de Sir Sami Rliton

Gaufrette aux piments
de Bérénice Jolilac

Le meurtre du bon sens
de Gilles Nuytens

Petit traité philosophique d'une confinée du peuple
d'Anne-Sophie Tredet

L'existence de l'inexistence
de Jean Guesly

ZAD
de Julie Jézéquel et Christophe Léon

Quatre en quatre temps
de Sylvie Bizien